妈妈会"偷懒"
孩子更优秀

卢骏逸◎著

中国友谊出版公司

别慌！
所幸孩子爱的不是“完美的父母”，
而是“他的父母”。

推荐序一 | **聆听平凡中的不平凡**

潘家欣（艺术家）

　　卢骏逸要出新书了，我大喜。

　　不过，在说骏逸之前，先说说我的书柜好了。

　　身为文字工作者，我的书柜基本上是长年濒临"泥石流"暴发的状态，后来在我实践了"断舍离"哲学之后，我开始定期适度"泄洪"，也就是说每隔一个月，我就会捐出或是转卖一部分我用不上的书籍。其中我最先丢掉的，就是育儿书。不管是《百岁医生》还是《亲密育儿》，抑或是《一百种让孩子变超人的婴儿副食品》，我都在第一时间将它们列入"断舍离"之列，唯一留下的只有潘蜜拉·杜克曼（Pamela Druckerman）的《为什么法国妈妈可以优雅喝咖啡，孩子不哭闹？》。这本书写得实在是幽默，对当代各种令人哭笑不得的教养行为进行了无懈可击的嘲讽，直到现在想起来我都还不时地发笑。

但我想说的是那些被我丢弃的书都有一个特点：它们都在阐述一个单纯、浅薄的价值观——我把我的孩子教得好棒！（而你不行，所以你最好马上掏钱把这本书买回家。）

我的孩子蘑菇出生时，我非常害怕，因为我不知道怎么面对这个孩子。她会喜欢我吗？她会憎恨我吗？我该如何当一个母亲呢？我知道有些母亲是不太适合当母亲的，所以我很害怕自己也会是一个不合格的母亲。于是，我买了一堆讲述各种理念的育儿书。然而不同书里的"信仰教条"互相矛盾：它们采用不精确的数据，引述相悖的看法，更没有好好地去谈论家长和孩子之间到底是个什么关系。各种祈使句充斥其中："你应该……""你最好……""如果要成为成功的母亲，你得做到……"这些指令如同开水煮白菜，它们造成的不良影响却像脂肪一样难以从身上消除。后来我把它们全部丢进垃圾桶，并对我浪费了那么多金钱和时间而感到无限后悔。

不过骏逸的书，不是那种会被我丢进垃圾桶的书，因为这本书不是"开水煮白菜"。

2016 年开始，骏逸在 SOSreader（现名 Vocus，方格子）上连载了一系列文章，其中包含了他与伴侣阿虎带自己的孩子阿果成长的故事。骏逸的文字有种《银河系搭车客指南》的风格，我常常觉得他的专栏上应该印一个大大的LED招牌，上面写着："别慌！"

文章里面没有任何祈使句，骏逸的教育法看似什么都没做，但是那个"不做""不教""不坚持"的背后，却有着千回百转的自我省视，有着大量不厌其烦的对话、再对话。骏逸以幽默诙谐的语言，将那些说起来其实非常枯燥的哲学思辨详细记录下来。其中，他尤其注重亲子间的权力分配。大人可以强迫孩子吗？大人可以骗孩子吗？等等。说起来，人类社会的形成，原本就是一场精密而复杂的权力分配。

所以，骏逸从不把孩子当成幼稚的个体，而是把孩子视为社会的一分子，也就是"人"。他从一开始就把孩子卢果当成一个完整的"人"，并尽可能地找到趋近于卢果的语言，摸索出一条和卢果相处、一起前进、一起成长的道路。这看似平凡、什么也不做的"自学"，所花费的时间与心力远超过上任何课程。

当然，这其中孕育出的亲情，也是难以言喻的深厚。

我们何其幸运，可以通过这本书，观看大人与孩子的奇幻自学之旅。

细读这个大人一路上的育儿笔记，那些记载，闪烁着平凡相处模式中的不平凡，小至要不要让孩子咬拖鞋，大至一个家庭的金钱预算究竟该如何划分，都充满智慧。读骏逸的书让我想起了厄休拉·勒古恩的《地海传奇》系列小说或是《绿野仙踪》，重温了自己成长中那些懵懂、无解的难题。

我们都在找回自己失落的真名，都是需要脑袋的稻草人、寻求勇气的狮子、渴望拥有一颗心的锡兵，以及想回家的桃乐丝。

那么，翻开这本书吧，欢迎回家。

妈妈会"偷懒"，孩子更优秀

推荐序二 | **大人要"会偷懒"，孩子才能自己学**

廖睐（独立教育工作者，写诗的人）

　　最近，我在带四到六岁的孩子认字、写字。我想，这是没有孩子的我，最接近卢骏逸的时刻。这篇推荐，我就不再重复卢骏逸书中的内容，我想谈谈我自己的课堂上，或许能与骏逸的经验相呼应的部分。

　　2018 年 10 月，我开始带一个自学团体的文字课，从第一堂课到我写这篇稿子的现在，已经过了十周。我发现，十周后的现在，我脑袋与心里所关心的事，已经跟第一周完全不一样了。

　　第一周我想的是：要教什么？怎么教？十周后的现在，我发现当我真的把孩子当作学习的主体时，"教什么"与"怎么教"已经不是我最关心的事了。在试着放手的过程中，孩子会自己去发现和学习，于是，关于"学什么"与"怎么学"，便迎刃而解。

　　听起来好像有点不切实际？我来举个例子。

　　我前面说"试着放手"，其实是不得不放手。因为当我决定要小心使用大人的权力时，自然也就不存在课程会往我预期的方向走这件事。我当然也费心备了课，也期待课程如期发展，但问题是，孩子对授课内容的反应不一定会完全符合我的期待。

　　比如某次课堂，我准备了叫作"字的家族"的文字游戏，玩了没一会儿，就有孩子说："我现在想写字。""我想玩上次那个动物牌。"我想着好吧，就说："那你们想写字的，你们想学什么字，跟我说。"想写字的孩子说："我的字盒子里面已经有很多字了，我想先自己写……"我说："那好，那你们慢慢练习，我陪另外两个孩子玩文字游戏。"

　　于是，两个想要练习写字的孩子写字，两个想要玩文字游戏的孩子玩文字游戏……但过了一会儿，那两个本来在写字的孩子突然跑去吃布丁了，我开始犹豫，是不是该把他们叫回来？还没下课啊。当我正这么想的时候，孩子回来了。

　　我观察那两个孩子，他们看起来还想写字，但心思好像受到了布丁的影响而有点浮动；另外两个本来在玩文字游戏的孩子看到布丁，便也跑去吃布丁了。我想着，我是要现在先下课呢？

　　　　　　　　妈妈会"偷懒"，孩子更优秀

还是要跟他们谈谈课堂公约（孩子们自己订的公约，但关于"公约"又是另一件可谈的事）的事？我正这么想着的时候，我看见孩子Ａ手中的布丁，于是我问他：

"你知道布丁怎么写吗？"

"布丁？布……是不行的'不'吗？"

"不是哦，是别的字。"

"那是剪刀石头布的'布'吗？"

"对，是剪刀石头布的'布'，然后'丁'，是甲乙丙丁的'丁'。"

我在黑板上写下"布丁"两字。

我一写完"丁"，Ａ就说："是丁丁药局的'丁'吗？"

哈哈，真会联想，对，是丁丁药局的"丁"。听到Ａ说丁丁药局，我发现原来孩子们平常是会看招牌的啊！他们平常就在认字了，而不是只有在文字课的时候才在学习认字。

我突然想到或许可以玩文字接龙的游戏，而这并不在我原本的计划内。

我开始这个游戏，而其他孩子也加入了，"丁丁药局的局，局，局可以接什么？""橘色。""好，橘色。那色，色什么？""色彩。""好，色彩，那彩什么？""彩虹小马！""好的，彩虹小马，那马可以接什么？""马偕医院！"

除了孩子 A，孩子 B、C、D、E 也加入了文字接龙的游戏。我发现他们接的词多半是从自己生活中得来的，比如街上的商店丁丁药局，平常在看的动画片《彩虹小马》，爸爸工作的地方马偕医院。

我想通过这个例子来说明，学习对孩子来说，是不分课堂跟日常的，甚至学的更多的时候是在日常。可能有人会提出质疑——学习在于日常，那么大人真的可以不用替孩子安排课程吗？这又是另一个复杂的议题。但我想先说的是，作为与孩子联系紧密的那个大人，不论是父母还是老师，就算不断地提醒自己要放宽心，但似乎还是会担心：孩子这样真的能学到东西吗？

我并不是父母，我还只是个老师，就能感受到自己对孩子的诸多期待，更不用说那些身为父母的大人对孩子的期待了。因为有期待，大人总是想为孩子多做一点（我也总是希望孩子能多学一点），但因为期待而多做的那些事，真的是为了孩子好？还是为了不让自己担心？

骏逸在书中谈的是，别急着教孩子什么。"如果我们期待孩子成长为独立自主、能为自己负责的（大）人，怎么能不让孩子练习着做决定并承担后果呢？"将骏逸谈的东西放到我自

  妈妈会"偷懒"，孩子更优秀

己的课堂上，我正在经历与学习的也是"别急着教孩子什么"。我是不是真的能放下"要教给他们什么东西"的压力？我是不是能够真正相信孩子自己就拥有学习的欲望与能力？我是不是真的能成为他们学习过程中的陪伴者？

这件事情其实并不容易。骏逸说的"会偷懒"，意思其实是要将学习的主动权交还给孩子。

"大人要'会偷懒'，孩子才能自己学"，同时我又在想：我有没有可能成为他们的同学，而不是老师？这一题实在太难了！但我很想往这个方向前进。

推荐序三 | **同志们，懒起来！**

罗士哲（台南塾创办人）

　　我在儿童教育领域"打滚"的时间，说来也有十年了。这十年来，教育领域流行过各式各样的风气。"反体罚"的风吹过；"翻转"的风吹过；"批判思考"的风吹过。各式各样的价值观，在这片平静的水面上试着掀起一些涟漪。

　　我和骏逸是老同事，也是老朋友了。记得有一次我在夜车上问他，我们的实践会留下些什么吗？在各种教育风潮中，我们的呼喊微弱得如同呢喃一般，我们的口号是：合作式教育。看着骏逸的手稿，我心里闪过一个念头：我们终于要留下些东西了。

　　然而，说是"留下"也不对，因为这样的教育模式拒绝留下任何具体的实践守则，它留下的是一种思考模式，是面对人

　　　　　　　　妈妈会"偷懒"，孩子更优秀

的态度。这样说似乎有些抽象，但在这篇短短的序里，我决定让事情变得更抽象一些。下面，我想先放下教育者的身份，从一个业余哲学人的角度，来谈谈这本书。

个别主义与普遍主义

在伦理学中，对于道德研究，有两种不同的方向。一种被称为普遍主义（generalism），另一种被称为个别主义（particularism）。普遍主义者相信，社会中存在一些普遍的道德规范，可以让我们判断是非对错，且对任何人、在任何情境中都适用。比如说，"不可以杀人""不可以说谎""不可以偷东西"，不管是谁，在什么状况下，这些规则都是铁律，不可违反。假如你违反了这些规则，偷了东西，你就是错的，无论什么理由，都不能将偷东西这一行为合理化，就像你不能把黑说成白，白说成黑一样。

这应该合乎多数人对于道德的想象，然而个别主义者们却不这么认为。

个别主义者反对这种不考虑具体情况的道德规范。对他们来说，是非对错总要看看是"谁"在"什么状况"下"做了什么"，才能决定。举个例子，如果你被绑匪绑架了，被关在一个小房间里当人质，唯有偷到绑匪口袋里的钥匙才能救自己一命。这个时候，你是否应该严格遵守"不可以偷东西"这一规则呢？

在不同的状况、不同的人生境遇中，看似相同的行为，可能有不同的意义。这样的思考方式，不仅能让我们的认识更加丰富，还能在教育领域激起不同的思维火花。骏逸的这本书，我读起来，就是在提倡这种"教育的个别主义"。

教育的个别主义者是一群"讨厌鬼"，因为他们很少给出具体的答案（如果给了，通常也仅仅是为了给对方信心）。当你问他到底支不支持孩子使用电子产品时，他不会说"支持"，也不会说"不支持"，而会开始讨论使用电子产品这件事对孩子的意义。在电子产品的使用中，孩子能获得什么经验？看着孩子使用电子产品，大人能获得什么经验？向内，他们追问经验与情绪；向外，他们追问环境：孩子在什么情况下会沉迷于电子产品，在什么时候则会选择离开电子产品？爸妈的工作与情绪，是否会影响孩子使用电子产品的状况？事情被复杂化，也被具体化，每个行动者的面貌都变得更加清晰，那时候我们才可以去问：对故事里的每个人来说，使用或不使用电子产品究竟意味着什么？

犯懒人本主义

教育的普遍主义，就比如骏逸提到的各种教养书一样，不断地在要求大家"做些什么"或"不准做什么"。这一条一条的要求，最后都变成责任，压在家长，尤其是妈妈的身上。骏逸用七个不同的主题，呈现了这幅现代教育图景，刻画了里面每个人的角色与担忧。如果，把严格的规则拿掉，我们每个人是否都能够轻松一点、懒一点？是否更有可能看见彼此、疼惜彼此？规则的背后，是一个个"个别"的人，有着各自的人生与盼望、坚强与脆弱。

抽象的规则或价值，没办法带我们回到具体的人身上，然而，犯懒却可以。

我想，这就是这本书希望做到的事吧：为那些被责任逼得紧绷的关系争取一些松弛的空间、犯懒的空间，让彼此有机会相惜、相爱。

作者序 | **极端的教育实验**

卢骏逸

一个几乎没有受过奖励或惩罚，甚至几乎没有被强迫或被控制过的孩子，现在（2019年）已经九岁了，而我成为一个父亲也已经九年多了。

与大多数父母不同，但可能和大多数教育者一样，我是先成为一个教育者，然后才成为一个爸爸的。而在成为教育者之前，我是理工科的工程师；在成为工程师之前，我是理工科的学生。

从理工科的工程师到俗称"体制外教育"的教育者，这个转折对某些人来说也许大得有些奇怪，但我觉得对于各位读者来说，那可能并不是最重要的事，重要的是这本书里所提及的"可能性"。从书名来切入的话，就是"偷懒"的可能性。

当然，刚开始我也不是这么"偷懒"的教育者，否则大概

妈妈会"偷懒"，孩子更优秀

很难说服孩子的父母把孩子交给我来教育。只是，随着教育实践经验的不断增加，我逐渐忘记了我曾经也是一个赞成"适当体罚"的大人，越来越觉得让孩子有自主成长的空间是一件理所当然的事，以至于很多时候在面对家长"急着教孩子什么"的疑问时，我好像总隔着一层什么，不能透彻地理解他们的问题。

难道孩子不吃饭，就让他不吃吗？

难道孩子不洗澡，就让他不洗吗？

难道孩子不想睡觉，就让他熬夜吗？

难道孩子作业写不完，拖到很晚，也不管他吗？

难道孩子不穿衣服会着凉，也由他去吗？

因为我们在教育现场那么致力于让孩子"独立"，于是对（那时的）我来说，这些问题的答案相当简单。如果我们期待孩子成长为独立自主、能为自己负责的（大）人，怎么能不让孩子练习着做决定并承担后果呢？

当时我一直以为，如果我将来养孩子，我一定能够给孩子完整的空间与机会来发展他的人格与人生。

我的伴侣是我的同事，所以当我们有了一个孩子，我们自然而然就决定了，要把我们在教育现场的各种想象与实践经验应用在我们的教育方式上。那些觉得父母应该要做的，那些觉得父母应该要衡量的，那些觉得父母应该搞懂的，我们决定都尽可能地去做。

像是一个极端的教育实验。

然而，真的有了一个孩子、和孩子二十四小时生活在一起时，才知道要给孩子空间去长大、去练习，是件多么耗费陪伴者心神与时间的事。

让孩子练习自己掌握餐具，就得在每次吃完饭之后，把桌面和地板全都清理一遍。

让孩子练习自己倒水喝，就要调整好心态面对摔碎的杯子、洒了满地的水。

让孩子练习自己爬楼梯，就得花一百倍的时间上下一个楼层，跟在小家伙的后面，一边看他慢慢尝试，一边小心顾着他的安全。

让孩子判断自己什么时候该穿衣服、什么时候该脱衣服，就得在孩子不幸着凉时彻夜不眠地照顾孩子，同时担心孩子病情恶化。

原来，照顾者的生活与孩子的生活是如此重叠，以至于孩子好好长大的机会与空间需要我们拿这么多的代价来换。那些工作的、沉思的、追剧的、打游戏的、跟朋友出门晃荡的时间

和精力，一转眼就像被遗留在了前世。这让我始料不及。

于是我终于能够理解，在"要不要让孩子如何"的问题上，很多时候不是"该不该"的问题，而是"我能说服自己，去做（或不做）多少该做（或不该做）的事"的问题。在这些时候，我时常在选择的天平上试着加上一些砝码，说服自己投入时间与精力去换取孩子发展的机会与空间。

这些砝码有：对孩子的爱、对人性的信任、对孩子发展的了解、对权利分配的思索与认识，以及我对自己身为一个个体、身为教育者、身为父亲的自我期许。

另外，还有一个非常重要的原因：这是一个关于"教育的可能性"的实验。有时候，这个原因甚至是最有力量的，它让我能够从父亲的角色中暂时抽离出来，以一个教育者的身份，去斟酌教育中的各种因果可能。

虽然，即使将这些统统放在秤盘上，还是会出现天平向"委屈孩子"的那一边倾斜的情况。

比如说，我家孩子叫阿果，他算是一个不折不扣的"电子产品儿童"，三岁多时就有一台自己的二手电脑，从此时常和YouTube独处。在四岁前，他就已经能很熟练地使用鼠标，自己点选YouTube上喜欢的视频看，最久可以自己看两个多小时。

我们夫妻当然也知道，让阿果这么频繁地盯着屏幕绝不是什么好主意，我们也在跟阿果的相处中发现，只要我们找阿果去玩一些他比较喜欢的游戏，比如骑小车、踢球，或者邀请他出门去玩，他几乎也都愿意马上离开计算机跟我们出门。

我们时常反省我们的教养方式，也被阿果的干妈婉转地提醒过，但我们就是忍不住，想用这种方法"偷"一些时间，来做我们自己想做的事。每次当我们警觉到阿果最近看计算机的时间实在太长了，我们就会彼此提醒应该收敛收敛，多花一些时间来陪他玩。但其实这样的自觉实在坚持不了几天，之后，阿果看计算机的时间又会在不知不觉中一点点地变长。

不过，大多数的时候，我们两个照顾者在互相协助之下，都可以给阿果提供独立自主做决定的机会与空间。

阿果两岁半的时候，有一天晚上我和阿果一起洗澡，他又不愿意洗头。我试探性地问了几次，也提出了几个一边洗一边玩的点子，但都被拒绝了。即使我保证我绝对不会弄到他的眼睛，他也不愿意。

我决定要和他认真谈一下这件事："阿果，你听我说一下。"

他转过身来，面对我坐在浴缸里，听我说话。

我说："你如果不洗头的话，头会脏脏的，这样头就会痒。

妈妈会"偷懒"，孩子更优秀

你是想让头痒痒的，还是让爸爸帮你洗头？"

阿果沉默了一下，看起来是在考虑，然后他说："头痒痒。"

我不死心，也怕他其实没听懂，所以试着把同样的话换了一种说法又说了一次，但这次他考虑的时间更短了，他说："我不喜欢洗头。"

我再一次确认："所以你决定要让头痒痒的吗？"

他说："我要头痒痒。"

我说："那如果之后头痒痒的，你要记得是因为你没洗头。"

他说："好。"

阿果离开浴室之后，我一边洗澡一边想，如果我连"要不要让头痒"这件事都不能让他自己决定，我又怎么能期待，他在未来的某一天能够自己决定自己要从事的职业？能够在交往的对象中，选择一个他钟爱的人呢？

人生有那么多比要不要洗头、要不要让头痒更难的选择，当阿果要面对那些选择时，我很可能已经不在他的身边，不能为他撑出一个能够犯错或从容选择的机会。那时，他自己的选择能力至关重要。

想到这里，即使我可以想象，他头痒时可能会情绪特别不好，甚至会波及我，自己也能安然接受了。

"上阵父子兵"，我就在还能这样陪他的时候，陪他一起吃点苦头吧。

　　阿果两岁半时，已经可以用保持餐桌整洁的方式自己吃饭，可以自己倒水，可以分辨在什么样的高度下攀爬对自己来说是安全的，可以自己根据冷热决定要不要加减衣服。他可以自己决定大多数的事情，大多时候，也知道自己的情绪与需求。阿果这样的发展结果让我们感到"很划算"，没想到苦日子这么快就过去，好日子来了。

　　阿果八岁时，他可以自己坐公交车去朋友家玩；可以自己决定一天只能玩三个小时的平板电脑，以免不小心让眼睛"瞎掉"；可以用稳定的情绪面对外在世界，不过分地期待，因而也没有浓烈的失望。

　　这本书当然也是写给阿果的。除了试着记录在阿果长大的过程中，那些与他自身有关的趣事、他发展阶段的里程碑之外，还有很大一部分，记录了前文这些"身为父母的教育者"的心境。

　　想让阿果知道这些，并不是为了向他"邀功"，更不是为了让阿果"知恩图报"，而是想让长大了的他有机会知道，他是经历了这些，才长大的。

　　　　　　　　　　妈妈会"偷懒"，孩子更优秀

我不打算跟读者或焦虑的父母说："你教错了，应该照我的方法教。"而是想跟父母说："别担心，像我们这样，教得那么少，孩子其实长得也还不错。"大多数时候，我们不是做错了，而是做得太多了。

　　我希望这本书可以让父母们不用太焦虑。假如我们可以放下更多焦虑，不把气力花在过多的"教孩子"的方向上，也许就有更多的气力拿来好好爱孩子、珍惜孩子。例如最近因为工作忙，我本来答应陪阿果去上课，结果爽约了一整个月。他断断续续抱怨了好几次，前几天他又开始抱怨："你不去我都不想去了。"

　　那时我正在工作，随口回他："这样啊，那你想留在家里吗？那你要做什么？"他也没应我，走到沙发前去换衣服，小声哼了一声。我收到信号，转头看他，觉得是该暂停工作的时候了。

　　我去沙发抱他，然后帮他换衣服。一边换我一边说："还是说，你要跟我去工作？"

　　他问："那边有什么好玩的？"

　　我："嗯……没什么好玩的，我要上课。"

　　他："那我不去。"

　　我："还是你要留在家？看漫画？"

他：“要。”

我：“你是不是还是想去？只是很想要爸爸跟你一起去？”

他点头，掉了一滴眼泪。

我赶紧抱他，说：“下个月我会尽量少排工作，一个月我尽量至少去两次。”

大概抱了两分钟，阿果站起来，进房间去拿漫画出来看、去冰箱找东西吃，又说说笑笑了。

比如这样，会偷懒，但尽量勤劳地花时间多陪孩子。

阿果成长得很好，虽然他应该是去不了哈佛或麻省理工，这辈子大概也没办法成为有钱人，但他应该可以成为一般人。当他偶尔生病时，我看着他的睡颜，心里就只有这个愿望。

妈妈会“偷懒”，孩子更优秀

目 录

PART 1

真心不骗

今天只是个特例——认识孩子的心情

我曾带过一个以小学一二年级孩子为主体的班，下课后他们从学校过来，大家放下背包，吃一些点心，然后开始拖拖拉拉地写作业。等到全部孩子都写完作业之后，我会进行一个预先设计好的课程或活动，通常是一些有趣的操作实验，或者是一两个我觉得很值得讨论的话题。

有一次，有个孩子作业写到一半就趴在桌上睡着了，还打着呼噜，很累的样子。于是我们其他的人就说好一起小声一点，让他好好睡，我们小声聊天、小声写作业。

直到写得最慢的孩子只剩下一页生字要写了，我轻轻摇了摇那个睡着的孩子，问他："你要起来写作业吗？不然过一会儿就只剩下你一个人了，我猜你不喜欢那样。"

那个孩子挣扎着抬起头，尝试了一下，却还是没办法回到作业上。终于，他说："我想回家睡觉。"

我试着想问出原因。

"你今天很累吗？"

"身体不舒服吗？"

"在学校发生了什么事吗？"

但不知道是那个孩子不想说，还是说不上来，他只是吞吞吐吐地回着："……想回家睡觉。"

我小心地选择说法，试着向他解释我的想法："你是自愿要来上课的，从一开始你就可以选择要不要来，对吧？今天来这里你也是自愿的，所以如果你想回家，我会期待你有一个合理的理由。但是，即便如此，你还是可以没有理由就反悔，因为那终究是你自己可以决定的事。我觉得你可以决定现在就回家，但这个决定会对我和你妈妈造成一些影响，可能你也会因此而付出一些代价。我想跟你说明这些。"

如果我不够小心，或者孩子太习惯于大人的权力，以及

随之而来的惩罚，那他很可能就会放弃自己做决定，也就失去了一次承担选择后果的经验。也许是我的小心奏效了，他坚定地说："我决定了，我要回家。"

我知道，一直用大人的权力把孩子绑住，势必会减少他们自己做决定、承担选择后果的经历，但同时我们要让孩子了解他们的行为可能造成的后果：

"首先，因为我已经为你准备好这堂课了，不上课的是你，不是我，所以我不会退你钱，而且我会因为这样而觉得不太开心，但也还不到生气的程度。再来，因为你答应这个时间要上课，所以你妈妈可能已经安排好了自己的事情。她可能有一件正在做的事，也可能有一个特别的心情，比如说一个人好好放松的心情，但很可能会因为你现在的决定而被打乱，她也可能会因为这样而不开心。当然，这只是可能，也不一定会这样。最后，你会听不到今天我们上的课。好了，这些就是你的决定会造成的影响和代价，即便如此，你还是想回家吗？"我慢慢解释，并且核实他的理解，确认他没有误解的地方。

那个孩子想了想，做出最后的决定："对，我想回家。"

我借给那个孩子电话，请孩子跟他的妈妈说明一下情况。孩子跟妈妈说了自己的决定，然后把电话交给我。

我跟孩子的妈妈解释了我对整件事的理解。他妈妈询问我的意见："他最近在上音乐课时，也有类似不想去的情况。如果现在去接他回来，这种情况以后会不会增加呢？"

我说："这当然是一种可能性，但也有其他的可能性。如果今天只是一个特例，我们现在不照顾他的心情，他也有可能因此而开始讨厌这门课。另外，如果你现在有安排，我想你不一定要过来接他，事情没有必要得绕着他运作，我们可以想其他方法来照顾他的心情，不一定要用打断你的方式。但如果你没有特别的安排，又愿意照顾他的心情，把他接回家照顾一下他的状态，再陪他好好想清楚今天到底怎么了，这样对事情说不定会有帮助。"

孩子的妈妈接受了我的说法，决定来将孩子接回去。挂上电话，孩子听说他的妈妈要来接他，笑得十分开怀。

妈妈会"偷懒"，孩子更优秀

我问他："听说你音乐课也是这样，你该不会不喜欢这门课吧？这样的话，我可以跟你妈妈说，让你不用来哦！"

他开怀地说："今天只是个特例啦！"

为你好还是为我好
——坦率地强迫，好过虚假地沟通

在一个公园里，一位爸爸蹲下来跟孩子说："我跟你说过很多次了吧。"他的语气非常温和，像是在说一个远在天边的故事："你不能这样做，这东西是别人的。如果你继续这样，要不我就先带你回家？"

相较于爸爸前半段"说故事"时的沉默，面对这个问句，孩子很快就有了反应："我不想回家！"

爸爸还是一派温和理性："那你就不能那样做了啊，知道了吗？"

孩子："知道了。"

假沟通，真强迫

在某些人还在犹豫"怎么正确打孩子"的现在，有些大人已经开始思考如何不打不骂来教育孩子，试图采取其他的方式来应对教育中的问题和困境。比如说上面例子里的爸爸，正试图跟孩子沟通，或者说是讲理，让孩子愿意接受大人的建议。

然而，有些大人可能会发现，这种"讲理"的方法时常只有非常短暂的效果。有些教育专家认为换一个"说法"就可以改变沟通的质量或效果，比如说把"老娘叫你从桌子上下来"改成"请你从桌子上下来"，或者进一步改成"你从桌子上下来就可以吃糖哦""你把作业写完就可以玩玩具啦"等。

但真的照着这些专家的建议使用这些句子的父母，可能会发现这些句子的"有效期限"非常短暂，很快，孩子就不再接受这些说法，回到一开始"不听话"的模式之中。

以上面这个例子来说，孩子可能在爸爸一个转身之后，就立刻去做了那件答应了不去做的事。因此，有些人会转而相信"孩子果然是不能讲道理的"。

如果最后孩子无论如何都要听大人的，"讲道理"或"沟通"就不是一种"试图互相了解，并且经由彼此妥协来寻求共识"的过程，而是大人表现"优雅理性"的一种强迫形式。那么，孩子就可能开始发展各种辩解的技巧，以期在"讲理的竞技场"中击败大人（搜一下有趣的孩子和家长的对话就能发现）。

只要实际统计一下，从结果看来，在大人跟孩子的沟通里有多少比例"最后仍然是听大人的"，又有多少比例"最后大人愿意听孩子的"，就能得到一个非常客观的数字，来检验大人跟孩子的沟通究竟有没有沦落成"形式上的讲理"。

不强迫也不放纵

一次课后，有妈妈问："如果孩子不去做他应该做的事，那该怎么办？"

妈妈会"偷懒"，孩子更优秀

我反问："他觉得那件事情是他应该做的吗？"

妈妈："嗯，比如刷牙或者系安全带，我花了很多时间跟他解释，确定他知道这些事情的重要性，但他还是不愿意去做。我该怎么办？我可以强迫他吗？可是如果不强迫他，难道要眼睁睁看着他蛀牙吗？不坐安全座椅我也不能接受。"

假使我们不可以用"讲理形式的强迫"，难道要放任孩子蛀牙、过敏、近视、营养不良、睡不好、冒着被甩出车外的风险吗？这是我在亲职教育现场时常被问到的"老问题"之一。

大多数情况下，如果一个人在缺乏信息或欠缺考虑的情况下，做出伤害自己的行为，无论他是不是我们的孩子，我们都会倾向于"暂停"他的行为，为他补充信息或请他详细考虑自己的做法。这种程度的"干预"，我们不至于会觉得是对他人的强迫。同样地，我认为我们也可以在孩子缺乏信息或欠缺考虑的情况下，在他们做出伤害自己或他人的行为之前，试着暂停孩子的行动，为孩子补充信息或请他再详细考虑一下。

在"不强迫"与"放纵"之外，我们至少可以做出"补充信息"与"邀请孩子再想想"这两件事。这就是不强迫孩子又不放纵孩子的可能性。

但这种程度的"干预"并不保证孩子就会按照我们的期望去做或不做某事，这对正在教育现场的大人来说恐怕是不够的。对照顾者或教育者来说，当时可能有许多"不得不在意的事"，比如说安全和健康，让大人很想强迫孩子。

那些我们想强迫孩子的时刻

如果是其他人自己要伤害自己，比如一次性抽十根烟或者一次性吃许多烤焦的鸡排，在我们善意提醒后，对方仍然执意去做，我们大概不会强迫对方停止伤害自己的行为，我们也没有办法去强迫对方。但我们却通常觉得我们"可以"强迫自己的孩子不要做那些事。

其中一个明确的原因，是强迫一个大人的难度或代价远

妈妈会"偷懒"，孩子更优秀

比强迫一个孩子要高。这使得"精于计算后果"的我们不会轻易对大人行使我们的"正义感"或支配欲。第二个可能的原因，是相对于和他人的关系，我们跟孩子的亲密关系使得我们更加在意孩子的损失。第三个原因，则是在某些时刻里，孩子的利益会与我们的利益发生冲突（比如说他不想睡觉，但我们想让他立刻、马上睡着）。

关于第二个原因，当孩子的自主性与孩子的健康冲突时，身为更有权力的教育者，我们必须决定要选择呵护孩子的自主性，还是采取行动来守护孩子的健康。当我们在意识上明确知道我们正在剥夺孩子的自主性时（虽说我们是为了孩子的利益），我们可能会感到心虚或自觉稍微理亏，而因此显得更有耐心，而这也可以避免一些亲子冲突。

关于第三个原因，我特别不喜欢"孩子将你变得完整"或者"你可以选择要不要生，而孩子不能选择父母"的说法，把照顾者的义务拉得很高，又把照顾者的自我缩得那么小。无论在价值选择还是教育实务上，我都更喜欢"照顾者先是一个人，然后才是照顾者"的角度。身而为人，我们就是有放不下又没来由的坚持，会有自私、愚昧和幼稚，在各种人的脆弱与无能袭来之际，照顾者除了先照顾自己之外，没有更好的选择。

并不是有了孩子，就得当个圣人。

所以要求孩子在晚上九点前上床睡着，好让自己有一两个小时的自由时间，并不需要"为了孩子的健康好"这些理由来作为支撑。我认为直接下令"我要做自己想做的事，现在你要马上去睡觉"，就是一个足够好的理由了。除此之外，用"为了自己"当理由来"强迫"孩子早睡的父母，应该会比"为了孩子好"来当理由的父母，在这件事情上更心虚而富有耐心。

坦率的强迫，好过虚假的沟通

在刷牙或是安全座椅的例子里，假如选择将孩子的健康或安全放在孩子的自主性之上，一个我认为理想的模式，是

一边试图跟孩子们解释你重视那件事的原因，一边尝试各种与教育无关的可能的方法，诸如奖赏、转移注意力。但在一切尝试都不见效时，强迫孩子执行那个行为，会比"假装给孩子选择，但其实根本没有让他选"要来得好。

我也确实见过有照顾者将孩子的自主性放在非常高的位置，等待孩子的蛀牙经验"教会"孩子刷牙的重要性，或者选择非常小心地开车、选择路线，而不强迫孩子坐上安全座椅。

至于那些为了自己好的理由，就大方坦率、开诚布公地宣布你的"独裁"思维：我就是为了自己好！你就认命吧。但若是这种"独裁"在孩子的生活中占了太多的比例，孩子就会起身反抗，到那时，愿你是个能够反省自身的"君王"。

孩子要怎样我就让他怎样吗

——提供选择，还是间接控制

尊重就是给孩子所有事情的决定权？

有一篇热文的标题是上面这句话，举了几个例子，想要证明某种类型的"大人帮孩子决定"是教育而不是强迫。

其中一个例子是"孩子想吃牛肉面，我应该尊重他，然后收起我已经做好的咖喱饭？"又说孩子看见做好的咖喱饭却开始抱怨他要吃牛肉面，这时候尊重孩子的方式，就是表达你为他用心准备后他不领情的真实伤心与愤怒，并且让他自己决定是要吃还是饿肚子一直到下一餐。

妈妈会"偷懒"，孩子更优秀

事情真的这么简单吗？

从这个例子出发，我想举另外一个例子，来说明"强迫与教育恐怕不能就这么简单地被切开"。

例如小明买了一大袋甜点回家，想要给女朋友一个惊喜，结果女朋友说："谁说我要吃甜点？你买之前不会先打个电话问问我？"这时若有个专家建议小明要"表达你为她用心买甜点而她不接受让你产生的伤心与愤怒"，然后让小明的女朋友"决定她要吃还是要饿到下一餐"……你等着分手吧。

这个例子是要说明，"擅自为他人决定"在一个没有极大权力差距的关系之中，是多么容易被辨识、难以理直气壮，可是一旦被包装成"教育"，由于大人与孩子权力差距过大，孩子即使提出抗议，也通常不被大人理解或接纳。如果大人没有思考"这件事情究竟有没有重要到我要擅自为他决定"，日常的强迫就会屡屡发生，孩子不听话、闹革命也就为期不远了。

要逃出那个房间，一定要彼此伤害吗？

前几天我和孩子们玩了一个游戏，在游戏设定中，孩子们都被关在一个很热的房间里，不知哪里冒出来的"规则大魔王"（故事里的角色）说，只要孩子们强迫一个小女孩穿上大棉袄，门就会打开。

游戏中也有设定其他逃出去的方法，比如寻找线索类似密室逃脱的玩法，但有一整组的孩子们都倾向叫小女孩穿上衣服，各自的方法都不同。有两个说要拿热水恐吓小女孩，一个想尽各种方法利诱，还有一个说"我们去请求她"。

方法总是很个人，但那个不委屈彼此又能逃出去的方法，大家都没注意到。就像这个游戏一样，假如我们从一开始就避免了自己被关进那个房间，进入那种"选择有限的困境"，就不用想着要怎么逃出去了。

比如说，在前面吃饭的例子里，如果事先就问好孩子他要吃咖喱饭还是牛肉面，就可以避开孩子不想吃饭的困境了。当然，孩子很可能先选了牛肉面后来又反悔，这种情况在自

  妈妈会"偷懒"，孩子更优秀

己身上、女朋友身上，也有可能会发生。如果我们不会过于苛责大人，我们又为什么会对权力比较小的孩子生气呢？

是提供选择，还是间接控制？

用"游戏"来达成大人的目的，究竟是不是一种控制？

有人说在团体的情境中，大人作为一个游戏成员，跟孩子的权利是一样的，虽然权力比较大，但这也是无可厚非的，不算是控制。也有人说，在一对一的情境中，比如说"通过游戏让孩子刷牙"。设定游戏情节的是大人，要"通过游戏情节达到目的"的也是大人，所以就是控制。

但也有人指出，孩子在游戏的过程中会得到快乐，这样还算是控制吗？假如我们通过某种手段（例如有意图的游戏）让孩子去做他原先就想做的事，好满足他的真实利益（比如说不会牙痛），那么我们就不算是在对孩子施展权力。

可是，在刷牙的例子里，"不想刷牙"跟"不想牙痛"

到底哪一个比较重要？前者是自主，后者是生理的痛楚，我们究竟应该满足孩子哪些利益，又要因此而违反孩子的哪些真实利益？面对艰难的选择，我们是要遵循孩子的价值选择，还是遵循我们自身的价值选择？

有人提出一个说法，如果孩子长大了没有怪我们，那我们就不必担心，假如孩子长大了怪我们，那我们就得担心。这个说法仔细想来又不是那么可靠，我们怎么才能得知未来孩子的心，从而判断当下我们所做的事情是否正确？

在"负起责任"的旗帜下，是谁被牺牲了？

在讨论这个议题时，我心里一直浮现日剧《空中急诊英雄》里的一个情节：

有一个孩子等待可以给自己移植的心脏等了许多年，好不容易等到了，他却说要放弃手术。他的父母都是医生，非常煎熬，他们必须在一个小时内决定是否接受捐赠，不然等

妈妈会"偷懒"，孩子更优秀

了好几年的心脏，就要给下一个顺位的病人。

父母好不容易问出了孩子的想法，孩子说："我太喜欢爸爸了，一直想要成为爸爸这样的人。可是我生病之后，爸爸就变了，他开始特别关注生病的孩子，在报纸的角落搜寻孩子过世的新闻，仿佛在等着其他的孩子死掉似的，变得不像以前的爸爸了。我不喜欢这样的爸爸，假如我死掉了，爸爸就会变回以前那样吧。"

这位爸爸知道，即使心脏移植手术成功，孩子未来的人生还是需要继续接受严苛的治疗，人生也会过得非常辛苦。在尊重孩子意愿的前提下，他无法擅自为孩子决定他以后的人生。

但最后，这位爸爸还是帮孩子决定接受移植手术。他在转院的直升机上对孩子说："我很高兴你那么喜欢我，但即使你恨我，我也要让你活下来。你恨我没关系，这就是我的决定。"这位爸爸很清楚他剥夺了孩子选择的自由，从而去换取了孩子的生命，即使被孩子怨恨，也无可辩解。

有很多专家总是夸谈"责任"，让照顾者以为自己总是做得不够好，需要好好学习、看书、听讲座，努力去"负起责任"，却从未告诉照顾者当他积极行动时，他可能会牺牲什么。

　　只有在极少的时候，作为责任者（同时也是权力者）有资格做出"宁可被怨恨，我也必须这样做"的决定。这样的心态和出发点，和"我是为你好，你不懂"是截然不同的。

　　至于从实践的角度来看，那些"少数的时候"究竟是哪些时候？界线在哪里？这是根据行动者（在这里就是照顾者）自身的价值选择来决定的。然而所有针对信念的坚定行动都会造成一定的牺牲。那么，停下来想想你所选择的行动后，是谁要付出什么样的代价。这本身也是一种负责任的行为。

 　　妈妈会"偷懒"，孩子更优秀

日记：阿果不听话

两岁六个月

我发现尽量不威胁或诱骗阿果，让我们得到了一个非常大的好处，那就是阿果非常愿意接纳或考虑我们的意见。比如跟他说一个东西很脆弱不能玩、一个地方很危险不要过去，他几乎都会接纳。

他很清楚我们不会哄骗他，如果不是重要的事，我们不会刻意说得很重要，更不会限制他的行动，所以他不用花工夫去猜我们说的哪些是真的，哪些是我们为了省麻烦而设下的"障眼法"。

如果是为了省麻烦，我们一般都会直接说："你这样的话我会很麻烦啊！"那时，他一般都会笑呵呵地继续做他的事，然后我和他妈妈也就只好一边抱怨一边收拾。

不过，即使如此，在两种情况下我们仍然没办法和阿果好好沟通。

第一种是阿果虚弱的时候，比如他没睡饱、很想睡觉或者是生病的时候，这种时候他就变得非常难以对话；第二种情况是"很想要"的时候，比如在百货商场的玩具店，没逛到他满足，没办法说服他离开。

不过，大人在这两种情况下也是这样。想到这里也就觉得可以理解了。

PART 2

别说孩子不懂事，
你真的懂孩子吗

情绪勒索魔法师

我身为一个非常讨厌被使唤的人，有了孩子以后却老是被使唤，仿佛前半生的潇洒都是为了此时可以无怨地付出。当我太太在忙碌地工作，我也在被孩子使唤来使唤去时，我的心情就不太舒坦，终于有一天到了难以忍受的程度。

这天，阿果在房间里看视频，对着门外大喊："爸爸，帮我倒杯水！"我张口拒绝。他立刻鼓起腮帮子做出生气的样子。这大概是跟蜡笔小新学的。我稍微有点心软，但又想到这时不答应他是对的，否则他以后总是这样"情绪勒索"我怎么办。

家是孩子的魔法世界

英国儿童心理学家温尼·考特（Winni Cott）认为，人在懵懂无知的幼儿时期，只要咿咿呀呀就可以满足自己的各种需求。婴孩并不知道，这是因为（至少）有一个焦虑紧张的照顾者在"积极揣摩上意"，还以为自己天生拥有心想事成的能力；温尼·考特认为这就是"魔法"的起源。这么想来，"爸爸帮我倒杯水！"可不就是隔空移物的咒语？

当孩子稍微长大了些时，就会开始在人生中进行漫长的探索，随着经验的拓展，他会发现自己其实并不会魔法，当初那些需求的满足已经是父母能力的极限，而他的需求与兴趣却渐多渐广。

那些"心想事成"的日子已经不再有，他终于得要依靠自己来完成那些实验与尝试。

他不会沉溺在失去"魔法"的惆怅里太久，很快就会被那些带给他惊奇的新鲜事物夺去注意力，进而发现它们是值得脚踏实地去经历的。比如吃饭，这样吃、那样吃、吃得到

处都是、把食物能丢多远是多远、试着去捏捏各种食物体会触感……这些都是非常值得身体力行的事，而且也不是会"魔法"的父母可以代劳的。

由于世界是那么丰富好玩，那些对孩子来说已经熟悉而显得不值得再投入时间的事物，最好的解决方式便是交给"魔法"去处理了。说起来，洗衣机、扫地机器人之类的工具，和魔法真是相似，为我们节省了大量的时间与精力，让我们去做我们更想做的事。也许人们对便利的渴求，也是来自婴儿时期对"魔法"的想象吧。

孩子在家里，是一个掌握了"魔法"的奥秘，也知道"魔法"极限的狡猾术士；他也许会施展"魔法"叫父母帮他倒水，却也清楚地知道"魔法"绝不可能让不耐烦的爸爸冷静下来，而且在那种时候，露出一丁点施展"魔法"想要麻烦老爸的意图，都是十分危险且不明智的。

魔法师的养成与风险

要成为孩子的"魔法泉源"，对我来说，除了辛苦之外，唯一要担心的，大概就是孩子会不会因此成为一个"缺乏行为能力"的人。

仔细想来，人要是长成那样，也许不是"在家里有魔法"的缘故。在这些年的教育现场里，我见过的很少数极端"缺乏行为能力"的孩子，都来自被过度保护的家庭。我曾遇到过一个小学五年级的孩子，他在吃饭的时候一定会把饭洒得满桌都是。问起他的生活，才知道因为某些原因，亲人不方便时常带他出门玩耍，他从小总是待在房间里，连食物都被送进房间，而且为了省去清洁桌面的时间，大人甚至会直接喂他吃饭。我们发现他被照顾得"无微不至"，但从另一方面看，他其实也是被广泛地限制了探索世界的可能。

"过度保护"这个说法其实也不对，这种说法搞错了方向。这些孩子面临的其实不是保护，而是以保护为名的限制。为了不把桌面弄脏，于是不能自己吃饭；为了不把身体弄脏，

于是不能翻滚跑跳；为了不把自己弄伤，所以不能使用各种工具；为了健康，所以被规定一定要在什么时候吃什么、吃多少。

这样的孩子不自己吃饭，可能并不是想要把时间跟精力省下来，投入到其他更有意思的事情中，而是不知道要怎么自己吃饭。这种孩子和选择使用"魔法"的孩子不同，他们并不是为了便利而要求大人做事，而是真的不会做，也没有选择去做的能力。

善用你的"魔力"，尊重孩子的需求

对孩子来说，家就是他的魔法世界啊！这样有什么不好的呢？走出了这个家门，孩子还是得要脚踏实地去冒险，但在这个家里，他就像是到了一个温暖的港湾、一个童话般的美丽世界。

我们时常学着说些冠冕堂皇的论调，只是为了辩解、说服自己仍是个足够好的人。在这种时候，我试着保持清明，试着记得儿子想要通过施展"魔法"来使自己获得便利，这是一种自然、正当甚至有助于他往前探索世界的重要动机。

另一方面，我也试着提醒自己，我只是一个普通的爸爸，并不是我儿子的魔法源泉，用不着实现孩子的每一个"咒语"，拒绝他的要求，让他自己去倒个水、拿个衣服、推个自行车、洗个碗、叠个衣服、煮个饭没什么大不了，而花费时间去照顾他的需求，也并不会让他的前途就此黯淡无光。

而且，我会尽可能地记得我是怎样地爱他，于是在他因为魔法落空而感到失落时，我会愿意停下手边的事情，照顾他的情绪与心情。我想尽可能地让他知道，这个家即使不是他所有"咒语"的应许之地、不能满足他所有愿望，却十分愿意在他受到挫折时，陪他一起度过难关。

打人的孩子怎么了

无论是在有许多孩子的教育现场，还是家里仅有一两个孩子的教育现场，打人的孩子大概总是让大人们特别担忧。

大人们一方面担心孩子会不会就此"长歪"，类似"小时候打朋友，长大了打父母"；另一方面，身为需要负责的教育者或父母，面对被打的一方，不免心虚和忐忑。

比如一个叫阿风的孩子，就令人特别头痛。每当他跟其他的孩子意见不合时，他就会出手打人，或是把某个东西抢过来，只为让对方不敢再反对他，其实这很可能就只是他一时气愤。

面对这样的孩子，我们该怎么办呢？

以下先试着说说常见的几种看法与解决方式，最后再提出我的观察与想法，同时提出在教育上我认为恰当的做法。

常见处置一：忽略原因，直接寻找解决方法

有许多大人在面对孩子打人的问题时，不去探究孩子打人的原因，只关心如何防止孩子再打人，直接寻求让孩子不再打人的方法。面对这样的大人，有很多教育专家或"民俗疗法"投其所好，提供各种技术或花招。

过去最主流的做法大概是各种类型的处罚，比如说我在许多关于体罚的演讲里，都听过有人想借着打孩子来教孩子"打人是不对的"。

这种方法的心理学原理是"操作制约理论"，想把"疼痛""恐惧"这些负面的感觉跟打人的行为连在一起，建立"负面刺激（疼痛／恐惧）—刚做完的行为（打人）"这样的逻辑，让他记住这个逻辑，从而不敢再去做这件事。

用这个做法去训练人类以外的大多数动物也许很有用，但要用来训练人类就不太行了。因为人类的思维比其他大多数动物复杂太多。就以上面那个"通过打孩子让孩子知道打人是错的"例子来说，孩子不用深想就能发现，用打人来表达"打人是错的"这件事，是十分矛盾的：如果打人就是错的，那你也不应该打我。

假如孩子对世界有了更多观察，在被打、受惩罚的经验里想得更多一点，就会发现那些特别有力量的人打人、使用暴力，根本没人敢打回去，于是他可能会得出这样的结论：只要我比别人更强大，就没人可以打我了。于是当孩子的身体长到了能够反抗大人的青春期，我们身边就一口气增加了一大堆"管教失灵"的例子。

还有一种常见的做法，是"先打他，再跟他解释为什么不能打人"或者"先跟他解释为什么不能打人再打他，让他记住教训"。这个逻辑其实非常奇怪。

如果我们仔细推敲这两者间的关系，就会发现，行为控制（打孩子）跟讲道理（解释事物的原理）从根本上是互斥的两种行为。行为控制是要唤起人们对某件事情的恐惧，但当你打了孩子成功地唤起了他的恐惧时，是准备跟这个正在恐惧中的孩子讲什么道理？他怎么可能听得进去？

所以，用打人或其他的处罚方式来传递"不能打人"的道理，孩子学会的很可能是：打人千万不能被大人发现。

另一种情况"先讲道理再打"也一样。你刚讲完道理，就立刻打孩子以唤起他的恐惧，根据操作制约的理论模型，这时候建立起来的可能不是"我打人—我反而会挨打"的逻辑，更可能是"听大人讲道理—挨打"这个奇幻的逻辑，令人哭笑不得。

常见处置二：积极寻找原因，再依此寻找对策

但也有一种看法，认为大人应该"看懂孩子的行为""看清孩子行为的表象"，才能真正拟定出协助孩子的方法。

比如说从儿童发展的角度来看，打人有可能是那些"缺

妈妈会"偷懒"，孩子更优秀

乏表达方式"的孩子，在表达自己时所用的一种方法。也就是说，在这种情况里，大人不必将这些行为视为一种暴力，可以将它视为一种比较本能的表达。

以我们家孩子的状况来说，在孩子的拳头小小的时候，他生气时会用小拳头揍我，但当他看过一百集蜡笔小新之后，他现在生气时会把脸颊鼓起来……从用小拳头打人到用"蜡笔小新生气法"，中间经过了很多种表达方式，比如大喊"我不要我不喜欢"、趴在沙发上散发出怨恨的气息等，无论我家孩子用哪一种方式表达自己的情绪，我们都会尽量全力响应，给他重视与关注。

随着孩子发展出的表达技能清单越来越丰富，假如每一种表达方式都可以被充分接纳，那么孩子自然而然会选择成本较低、较轻松的方式来表达自己，而不必用打人这种伤人一千自损八百的招式。

还有一种说法，是将孩子打人的行为视为一种"解决问题"的手段。在某些时候，孩子因为其他的表达方式太过于麻烦或无效，而选择用打人的方式来解决问题。在许多讨论里，有不少大人都将此视为"严重"的问题，觉得应该积极"矫正"孩子。

然而，这样的"因为相信有效而打"的行为在大人的世界也并不少见，本质就是认为其他方法太麻烦或没有用，用打的才会有用。

假如大人在孩子因为"相信打人有用"而打人时觉得要积极处理，对大人这样做时却消极面对，那就只是向孩子示范了什么叫"柿子挑软的捏"而已，最后很可能还是会回到"拳头大的就可以打人"的价值观上。

比较少见的一种看法

在讨论过上面那些常见的看法与做法之后，我想提出一个比较少见的看法，虽然在日常生活中少见，但却是我在教育现场常见的一种类型。

在规模是六至十人的低年级教育辅导班里，至少有一位

会出手打人的孩子。面对这样的孩子，我会先观察他一段时间，试着搞清楚他会在哪些情况下动手，找出他的行为之间的一些共同点。接着，我会带着这些信息去和孩子谈话，确认他是否知道自己会在这些情况下动手打人，以及他自己对于打人这件事的看法。在这两件事情完成之后，我会去跟他的父母谈话，确认他的父母是否知道孩子的情况，并且也试着从父母那里收集一些信息。

通过这些，我发现了一种动手打人的类型。比如阿风，他每次激动打人之后，都会大哭，不是跑得远远地哭，就是躲在某个角落里哭，但无论是哪一种情形，阿风都会一边哭一边偷偷看我，像是一种邀请一般，但如果我试图靠近，阿风又会跑开，到另一个更远的地方偷偷看我。

我大概花了几个月的时间才让他相信，当他哭泣难受的时候，我的靠近不会对他造成任何危险：我是来帮忙的，不是来算账的。于是在和他一次又一次哭泣后的聊天里，我才知道阿风是一个常常被处罚的孩子，因为他反应快又逻辑清楚，时常"不识好歹"地反驳大人，挑战大人的权威。当他被打时，他问为什么，如果大人说的理由不能说服他，他就用愤恨的眼神看着打他的人，而这时常又会招来另一次暴力。

阿风的妈妈和阿风相处的时间最长，开始觉得事情不太对劲，于是在朋友的介绍下，把阿风送来我们这里。我们的合作在三方的努力下持续进行着：妈妈决定要试着不处罚孩子，但她还是不能说服爸爸跟（学校）老师；阿风也承诺尽量不打其他孩子，但他还是时常忍不住；我会尽量让其他孩子及他们的父母理解阿风的状况，试着让其他孩子在自愿的前提下，对阿风有更多的包容。

每天放学，阿风妈妈把阿风送来后我要做的第一件事，就是仔细端详阿风的"脸色"。而他妈妈要做的第一件事，就是向我概述一下阿风今天的经历：爸爸有没有打他？阿风在学校有没有被处罚？这些都会影响阿风今天在我这里的状态，而我要做的就是向其他孩子说明阿风今天的状况。

有一天，阿风早上出门被爸爸打了一顿，带着很糟的情绪去学校。看什么都不顺眼的阿风因为捣乱当然也被老师处罚了。他来到这里，我跟孩子们知道了情况后，都叹了一口

气。那一天，不管阿风怎么挑衅别人、做各种骚扰其他小朋友的动作，孩子们都会试着向他反映："阿风，我知道你今天不开心，但我不喜欢这样。"实在劝不动了就会来找我："老师您帮帮忙，我不行了。"

就这样，在大家的努力下，阿风度过了一个放松的下午，晚上，妈妈把心情不错的阿风接回家了。

当然，失败的例子更多。其他孩子忍不住阿风的攻击或挑衅，还手了。这些时候，我会告诉孩子们，他们没有必要承受这些，也没有人应该承受这些。这些是我们大人的问题，是我们大人该负起的责任，他们已经做得很好了。然而，他们可以拒绝阿风，但我不能，因为我是教育者，因为这是我们大人该负起的责任。

在这种例子里，阿风这样的孩子陷在日常生活的艰苦环境中，当他到了少数即使打人也不会遭到处罚的地方，可能就没办法抑制打人的冲动了，因为他内心有太多的愤怒无处可去。面对阿风这样的孩子，把"打人或不打人"完全视为他自己的选择，让他自己一个人去承担，我觉得实在太过严苛。

告诉孩子，我们还会继续想办法的

曾经有一个孩子，当我问他："我对你这么好，你这样欺负我对吗？"他对着我大吼："我不欺负你，我欺负谁？"我当时无话可说，至今也无话可说。

若是你遇见这样的孩子，你也许可以试着协助他调整他的日常环境，减少他的压力来源。但这件事情很困难，如果你不能做到，那就抓住一个时刻，看着他的眼睛诚恳地告诉他，这一切的无可奈何并不是他的错，至少不全是他的错。

告诉他，我们大人还会继续想办法的。

妈妈会"偷懒"，孩子更优秀

"输不起"的孩子

坦然接受自己输了，承认失败，从来就不是简单的事。教育环境中，我们所看见的"孩子输不起"的情况对孩子来说很常见，他们可能是遇到了重要的关卡，而不仅仅是孩子"输了不甘心"而已。

不是怕输，是怕不可能赢

最近我们的小班级喜欢玩"丢皮球"这个游戏，小皮球丢到别人腰部以下才算丢中。前几次我加入了，在一个女孩因为屡屡丢不到人又不愿意下场时，我宣布我是"石像"不会动，只要直直朝我丢来，就一定会丢中我。女孩奋力试了两次，果然丢中我了，于是她开心地跟我交换位置，成为奔跑躲避的一方。这个"规则"让另外两个观望的女孩也跃跃欲试，立刻加入了游戏，大家都玩得很开心。

第二局我没加入。开局没多久，那个丢不到人的女孩就被别人丢到了，她拿了球走到外面，双手举起球朝人丢去，球软弱地飞了一米多，跳了两下就不动了。场中的孩子把球丢回，后来她又试了一次，结果还是一样。在我看来，那种球完全没有丢到人的可能性。

女孩转头看着我，她说："老师能不能来当石像？"

我："这局我没有加入呀。"

女孩："老师你加入，你来当石像。"

我："你是不是觉得自己丢不到人？"

女孩点头："嗯。"

我："那我帮你跟他们说说？"

女孩："好。"

我对着场中的几个孩子解释："她觉得她不可能丢到你们，这样会不好玩。你们有没有什么想法？"

　　一个孩子说："她没试过啊。"

　　我："她刚才试了两次啊。"

　　另一个男孩说："不然这样，我可以当石像，可是等一下我在场外丢球的时候，她要答应不故意把球往其他地方丢，让我跑很远去捡球。"

　　女孩同意了男孩这个条件，男孩也依照承诺在女孩丢的时候定定站着不动。女孩又试了两三球，终于丢中了男孩。

　　就像这样，输赢跟能力有关，孩子有时可能不是不能接受自己会输，也不是输了想耍赖，而是明明要玩个开心的游戏，眼前摆着的却是赢不了的难关，是强弱悬殊的差距。谁想玩一个自己永远不可能赢的游戏？

重要的不是输赢，是你要不要和我一起

一个活动里，我遇到了一位叫阿初的孩子，现在我和他还算熟悉。那时，我正在跟家长们开会，他拿着一根长树枝戳我，我随口简短地回复他："不要这样。"但他锲而不舍地继续戳我，我只好暂停会议。

我："我不想被戳呢，我正在开会。"

阿初："不要！"

我："你想跟我玩是不是？"

阿初点头。

我："可是我正在开会，我现在不想玩啊。"

阿初继续戳我。

我抓住树枝，只好放缓语气和他说："好好好，我知道你想跟我玩，等我开完会好吗？我开完就陪你玩。"

阿初摇头，继续戳我。

我只好把他拉过来抱住，和他说："我保证等会儿开完会一定会跟你玩，你等我一下就好，好吗？拜托啦。"

  妈妈会"偷懒"，孩子更优秀

阿初终于把身体放软了，点了点头。

开完会了，虽然我很想收工回家，但也不想对阿初爽约，于是我就喊了阿初，说我开完会了，来玩吧。阿初听见了，非常开心地向我跑来。我很清楚，我跟阿初的关系经不起哪怕仅仅一次的爽约。

破坏通往孩子心中的信任之桥是非常容易的事，但重建工作却会无比艰难。

特别是像阿初这样的孩子，他们其实已经不太相信大人了，但还是会给大人一个通往自己内心的机会，这份期待非常纤细又脆弱。他们会从桥对面偷偷观察桥这边的环境，假使你露出一丝犹豫或不耐，脆弱的桥体就会即刻坍塌。

"我们玩什么？"我问阿初。

"玩鬼抓人。"阿初说。

他开始找玩伴，没多久，我们凑了四五个人。

阿初指定我当鬼，我拒绝，有人提议用猜拳决定，阿初接受了。猜输的是另一个孩子，我们开始四散逃跑，"鬼"

奋力地追。在游戏里面，人的内在会慢慢毫无防备地展现出来。

"鬼"一直抓不到人，于是我就稍微"放水"，让那个孩子抓到了我。后来我又抓到了另一个孩子，那个孩子又抓到了别人，别人再抓到我。我轮流追每一个孩子，最后追到阿初旁边。

阿初说："不算！"

我："好啊，那让你跑三秒。一、二、三。"

没多久，我又追上了阿初。阿初露出快要生气的表情，喊着："你不能突然抓我！"

我笑着说："等等，可是这是鬼抓人呀，我不能抓你，那怎么玩啊？"

阿初仍然在生气的边缘，喊着："你不能突然抓我！"

我："我还没有抓啊，不过如果我不能抓你，那要怎么玩呢？"

阿初保持着情绪高涨但还没爆发的状态："你可以抓我。"

我："那我要开始啦。"

妈妈会"偷懒"，孩子更优秀

阿初仍然激动着："不行！你不能抓我！"

　　我："你别生气，我还没抓啊，那我到底是能抓还是不能抓？"

　　稍微冷静下来的阿初说："你可以抓我！可是你不能抓我！"

　　好吧，我听懂了。我开始追着他跑，偶尔也去追追其他孩子，我追上他们，很贴近他们，但不抓他们。我懂了，我可以抓你，但又不能抓你。

　　因为很刺激，所以孩子们跑得很快，有时就会跌倒在草地上，但我也不抓他们，就等他们站起来，再继续追他们。阿初跟其他孩子都开心地大笑、快跑，大家玩得都很尽兴，当然也有点累。玩了十五分钟左右，我宣布："我要回家啦。"

　　解散的时候，我背起背包往厕所走去。阿初背着自己的背包跟上来。

　　阿初："你怎么来的？"

　　我："骑车啊。"

　　阿初："你为什么不开车？"

我："哈哈，因为我买不起。"

阿初："那你怎么出去玩？"

我："很远的话就坐车去。"

阿初："那你怎么回你妈妈家？"

我："我们住得很近，所以我会骑车回去。"

开车来接阿初回家的阿姨在喊阿初了，但阿初似乎没有听见。

我："你阿姨在叫你呢。我要去上厕所，你也要去吗？"

阿初说："我不去。那再见。"

我才知道，阿初原来是特地"走过桥来"找我聊天的。那一天，我很庆幸我守住了那座桥。

如果教育者能够跳出输赢的框架来观察身边的孩子，可能就会发现阿初面对的是人格发展上的一个难关，而不仅仅是他不想输或不服输的问题。

身为一个玩手机游戏输了就会很暴躁的人，好像没资格指指点点什么。但通过这两个例子，我想说的是，很多时候

我们看见的孩子的"输不起"可能不是表面上那回事。那些我们看来简简单单、理所应当的事情，对孩子来说，也许是他人生发展里极其重要的难关。

如果你是一个陪着孩子长大的大人，如果你能够放下"指导孩子"的焦虑，从孩子的角度出发，去推敲他的困境，也许你会看到一座通往他内心的桥，只要你走过去，和他一起想办法，你们就能知道该怎么好好长大。

日记：暴力阿果

两岁四个月

最近阿果开始攻击人了。他昨天朝我扔笔，又"揍"了他妈妈一拳。

他朝我扔笔的时候，我还有点伤心，心里的台词大概是：我这样对你，你却这样对我！天啊！这样老套的话。

不过，他看我又生气又伤心，沉默地看着他，他就慢慢往后退，然后开始用各种方式向我示好。

这个小鬼越长越大，我们跟他之间需求的界线时不时会重叠进而产生冲突，这时常不是谁对谁错的问题，也不是"现在该听谁的"的问题，只是单纯的两边的需求谈不拢。该怎

么建立一种温暖的沟通文化，怎么形成一种双方各退一些又不占彼此便宜的文化，是现在我们要开始探索的一条长路。

两岁六个月

昨天听阿虎说阿果有时会抢其他孩子的玩具，他会跑过去说："我的！"然后抢过来。

昨晚我问他："你还记得你今天跟妹妹抢玩具吗？"

阿果："记得。"

我："那是谁的玩具？"

阿果："阿果的玩具。"

我："你是说，那是你的玩具，还是你想玩的玩具？"

阿果："我想玩的玩具。"

我："所以那玩具是妹妹的？"

阿果："是阿果的。"

我："是你从家里带去的吗？"

阿果："是阿果从家里带去的。"

我无言以对。

阿虎说，有一次阿果想要骑别人的小自行车，就找她帮忙借。可是为什么这一次的玩具就用抢的呢？

我觉得阿果知道那玩具是别人的，但至于他到底在想什么，我就不知道了。

陪阿果长大的过程里，弄不懂的事情总是比弄懂的事情多。但在担忧与照顾孩子之外，抱着这样一份好奇的心去看孩子长大，也不失为多出的一份情趣。

四岁四个月

最近这家伙有点浮躁，有时一言不合，就开始动手"打"我跟阿虎。前几天我还在哀叹："养孩子也太累了！"昨天突然醒觉，该不会是最近哪里出了差错？

于是，我开始检视最近的生活。阿虎开始有大量工作之后，专心陪阿果玩耍的时间减少了很多，我的工作量虽然减少了，但期间也跑去做了一些有的没的，没把时间分配给阿

果。加上阿果这两个月来睡前也不要求听故事了，我们也就自然而然省掉了这件事。仔细盘点后，我赫然发现，我们两个专心陪他的时间，加起来恐怕还不如最近托儿所的学生陪他的多，我真是无颜以对。

接下来就是要调整这个状况，看有没有猜对了。

PART 3

我们家的财商课

协助孩子思考价格与资产的关系

"我们家没有零用钱。"这不单指孩子没有，大人也没有，因为我们家是"家庭所得共有制"。所谓"家庭所得共有制"，指的是：

· 我们家既不把赚钱的人当成老大，也不以有没有工作或长幼尊卑之类的标准来区分等级。

· 在花钱这件事情上，无论是大人还是孩子，每一个成员都一样有"资格"可以想买任何一个东西，也有相同的"资格"提出反对意见。

· 当"想买"或"反对"对立时，就展开协商，陈述理由试着说服对方。这里有一个非常基本而且重要的原则是：其他人更有资格决定是否购买某个东西。

　　在我跟我的伴侣结婚之后，我们家主要的收入来源是我去工作，当然，我的伴侣也在做一些赚钱的工作。除此之外，家务劳动是我们共同分担，但一般情况下，她负担得比较多。至于我们家的孩子阿果，他几乎完全没有负担任何的家务劳动。

　　对我们家来说，我们喜欢"家并不只是家庭成员的总和"，同时也厌倦家庭内可能因等级对立而产生的计较，于是我们的孩子从出生开始，就在这个制度里成长。在我们家，每一个家庭成员除了"家庭成员"这个身份之外，没有其他不必要的身份。这种做法在大人之间应该还可以想象，但在孩子（六岁半以前）身上，我想不少人会有各种疑问。

　　当然，我们家的各种情况并不能在这里全部都交代清楚，所以这里只是想说明一种可能性，希望可以反驳那些"如果……孩子就一定会……"这样的论断，并且给予有类似教

妈妈会"偷懒"，孩子更优秀

育想象的人一些实践上的参考。

这样，孩子会不会挥霍无度？

在孩子开始了解人类有消费行为、想要买东西时（大约是一岁多的时候吧），我们每次进便利店这种消费场所，都至少得花半个小时左右才能出得来。阿果会在里面寻找他想要的东西，那些东西有时是我们不喜欢的食物（比如旺旺米果），有些是吃了会很不妙的食物（比如早晨的雪糕）。

我们会解释我们的主张，请他再考虑，但最后要是他坚持要买，我们还是会买。

在玩具店也是如此，前几年每个月大概会去四次以上，每次消费在几十到两百元左右。超过两百元的玩具，我们会请他换一个"你也喜欢但比较便宜"的玩具。大多数时候，假如换另外一个不行，那换另外两个阿果就会同意。

这样长大的孩子，会不会想一直买、一直买，停不下来呢？

去年，阿果跟朋友在电子游戏店里，看到亲切、友善但"包藏祸心"的老板试玩一个游戏，阿果非常想买。老板给的价格是"包括两张游戏CD"两千九百八十三元（深刻印在脑海里啊）。

当阿果提出想买的时候，自然遭到了我跟他妈妈直觉式的反对。但我们也立刻就冷静下来，开始跟他一起讨论这件事。首先，我们再三强调，说虽然我们反对，但假如他坚持的话还是可以买。其次，我说明我们家设定的应变存款是两万元，这笔支出必然会动用到这笔存款，那我跟他妈妈就要花更多时间去工作赚钱，来弥补这个缺口。

在经过这个讨论之后，他决定要节省他日常的开支，用在其他开支上省出来的钱购买游戏。而我跟他妈妈觉得只靠他节省日常开支来攒钱实在太慢了，于是我们提议，他自己负责节省三分之一的金额，另外三分之二的金额，直接由家里的钱来支出，由我跟妈妈通过节省或去工作来弥补。

但是大概在两三个月前，他朋友家里的仓鼠生了几只小

仓鼠，他一直想养宠物，结果就领养了一只回来，把省下来的钱全部都拿去买了仓鼠的笼子、饲料跟"家具"……于是我们当然就没有买游戏。

现在，他几乎不曾提出要去玩具店，偶尔才会想买一组乐高，或者经过扭蛋机会想买一个扭蛋等。每个月相关的总支出虽然不曾仔细算过，但应该不超过两百多，比我跟她妈妈喝咖啡、买书或买衣服的支出少得多。

所以呢，在我们家的这个例子里，在支配金钱这件事上，我们尽力让孩子跟大人有同等的权利和权力，并没有让孩子成为被消费欲望支配的人。

这样，孩子会不会有"用钱观念偏差"？

相对于挥霍无度，这里指的是担忧孩子把钱用在"不对、不划算、没意义"的地方，通俗地说，就是要教孩子分辨"需要"和"想要"。

分辨"需要"与"想要"似乎是很重要的事，不过那些想教孩子"需要与想要"的家长，可以先打开自己的淘宝购物车，看看那串长长的列表上的东西真的都是自己需要的吗？

　　囤积很多不需要的物品，可不是孩子才有的现象。家长们以为，比起孩子，自己更能清楚地分辨"需要"与"想要"，但大多数情况下，这真是不知道从哪里来的错觉。

　　至于大人觉得孩子把钱用在了"不对、不划算"的地方，通常也只是大人们偏见的展现。比如，我以前就不能理解人们为何把钱用在好吃精致的食物上，但后来发现，其实只是我不懂得吃而已。

　　我家孩子当然也会把钱用在我觉得莫名其妙的地方，比如打一次三十块钱的《神奇宝贝》游戏、买一些明明就不能用的假的神奇宝贝卡片。请注意，那明明就是不能用的，是假的！我本来以为他不知道那是不能用的假货，但他知道，却还是买了。这种仿佛遇见外星人的感觉，就跟我不懂为什么会有人把同款式衣服的七种颜色都买全（我后来才知道那

　　　　　　　　　　　　　　妈妈会"偷懒"，孩子更优秀

叫包色）一样。

一个东西是便宜还是昂贵、是值得还是不划算，取决于一个人的"偏好"，这是一种价值选择。经历过食品安全事故的牛奶再怎么降价，还是有人会觉得它"不值得"买；摆在日式装潢小店里的那些我们童年时才吃的零食，即使比乡下杂货店贵个两三倍，也会有人觉得"很值得"。

既然没有绝对的"正确用钱价值观"，有的只是个人判断的"值得"与"不值得"的各种偏好，那么就没有所谓的"偏差"，只有"偏好的不同"。

在这个前提下，我家孩子目前的偏好就是上面提过的那些，总支出也就是两百多块。

还有一个偏好严重不同的故事：

有一次阿果生日，我们问他要什么礼物，本来我们以为他会要一组之前被我们否决没买的昂贵的乐高，但他却要了一包豆皮。没错，就是那种油炸的豆皮，他说他想吃。老实说，我当时还是忍不住担心这是不是有一点"价值错乱"了。

孩子会不会吃米不知米价？

另外一个跟用钱观念很类似的担心，是担心孩子不知道"物价"，也不知道自己有多少资产可以使用，或者因为不知道物价与资产之间的关系，于是把钱花光，成为败家子。

我认为"家庭所得共有制度"确实不能提供这种经验，所以我们另外设计了类似零用钱制度的教学活动。

因为我自己就是教育者，所以我们家孩子大概在五岁的时候，就开始参与我们的旅行教育活动。这个活动的目标之一，就是协助孩子们思考价格与资产之间的关系。

对我家孩子跟大多数城市的孩子来说，去便利商店或卖场买东西是非常自然的选项。有许多人没有察觉到，便利商店其实是对孩子非常友善的消费空间。它会将孩子偏好的商品放在适合孩子身高的地方，把价格标得非常清楚，并且所有店员几乎对孩子有问必答，从不摆臭脸，也不会催促孩子尽快完成选择。

然而，"便利"只是一种左右人选择的偏好，还有别的

妈妈会"偷懒"，孩子更优秀

事情可以考虑或应该考虑。

首先是价格跟资产之间的关系。价格跟价值不同，一碗卤肉饭十五元就是十五元，这是价格；但一碗十五元的卤肉饭值不值得，这是价值。价值要看个人的偏好，但价格与资产的关系也是应该要考虑的事。

我们有没有钱可以买一碗十五元的卤肉饭？买完卤肉饭后还剩多少钱？这十五元若是花在这里，会不会影响之后我们的消费计划？

在我们的旅行里，每个孩子每天能自由使用一笔不算宽裕但也足够用的钱，如果吃了一碗十五元的卤肉饭，钱包里就会少十五元。大多数情况下，新参加活动的孩子在第一次面对这种情况时，都会把钱花到各种平时被家长禁止的零食上。但在接下来的几天里，如果新成员跟着大人或者有经验的孩子们一起吃一些性价比较高的餐点，新加入的孩子的经验就会逐渐丰富，在选择时会越来越有其他的考虑。

有很多孩子在活动的第三天或第四天后，就不再觉得便利店是"值得"消费的场所，最受孩子欢迎的食物，还是便宜又有饱腹感的卤肉饭，这样他们既可以面对饥饿，又有钱去购买其他自己想买的饮料或玩具。目前为止点卤肉饭的最高纪录，是某个孩子连续三天除了早餐之外就是卤肉饭。

在最近一次的旅行活动里，我们家孩子泪洒夜市。那天他把钱花在昂贵的饮料、午餐跟点心上，加上前一天的预支，到了晚上他只剩下回程的车钱，而无法跟我们一起吃排了很长队才能买到的、看起来超好吃的夜市肉圆。

我们四个人一桌，他垂头丧气地趴在桌上，我心软，问他要不要吃一口我的，他说不要。过一阵子，我又说我买给你吃吧？他又摇头，整个人埋头哭了起来。其他同桌的孩子看见了，也没说什么，大概是很了解这个心情吧，毕竟孩子们几乎都有过同样的经验。

后来，我把这件事告诉他妈妈，再后来他妈妈问他，他说：

"不知道为什么，平常都没关系，但是在这个活动里要花额外的钱，就是觉得不甘心，所以就不想吃爸爸的，也不想让爸爸请我吃。"

除此之外，这两年来，孩子在每周也都有一笔定额的金

钱可以支配。借由这些，我们一方面保有了"家庭所得共有"的权力平等关系，一方面也让孩子有充分的机会，去练习思考价格与资产之间的关系。

这样的孩子会不会觉得不用付出就有收获

"不用付出就有收获"听起来真好。

我家孩子在学钢琴，虽然他每个礼拜都坚持去上课，但几乎从不练琴。我有一次忍不住问他："你不想弹得很好吗？"他用一副你说什么傻话的表情看着我："当然想啊，谁不想。"我还来不及接话，他又接着说："假如不用练习的话。"

好吧，看样子他非常清楚这世上没有不劳而获这种事。

我们家孩子时常跟着我们去工作，也因为我们有许多时间是在家工作的关系，孩子很清楚钱不是从天上掉下来的，也或许因为我有时会抱怨工作，所以他知道工作不是一件全然有趣的事。当我强烈抱怨他不用工作的时候，他有时会勉为其难地帮助我去教育现场照顾更小的孩子，或者帮助我完成一些他可以胜任的工作。

有一次，我的朋友问他对工作的想法，他回答的大意是："我不是很想工作，但为了吃饱，还是得工作。所以只要工作到钱够用就好了。"

除此之外，他最近也说起他还蛮喜欢我写的历史故事，假如有机会的话，他也想写历史故事，带着其他人一起读。

如果不控制孩子用钱，孩子就一定会有行为偏差吗？

整体来说，在我们家里，"家庭所得共有制度"并没有对孩子带来什么坏的影响，我们家孩子并没有因此而成为一个行为有"偏差"的人。

当然，我并不是在主张或在保证只要用"家庭所得共有制度"，孩子就一定会长成一个怎么样的人，而是想通过我们家的经验，指出那些斩钉截铁的"保证"都太过片面，比

如"如果你不掌握孩子的金钱，孩子就会……"的说法。这种说法太简化整件事情，也太小看人的可能性。

如果你也追求平等、民主的家庭、亲子关系，那么或许你可以参考这个实践经验，找出你自己的方法。

日记：想买就买的阿果

四岁两个月

　　从出生到现在，除了一次急诊、一次看牙医之外，阿果几乎不曾被我们强制做过什么。

　　要不要洗澡、要不要吃饭就不用说了，让大家最难以想象的，大概是要不要买玩具。

　　我们家信奉的"家庭所得共有制度"，是所有的钱家人共有，谁想花都行。即便阿果是一岁半的小孩子，也是想花就可以花。因为这样的价值观，阿果很小的时候，我们每次走进玩具店或商店都非常痛苦，常常一进去，没有一两个小时出不来。

　　　　　　　　　　　　　妈妈会"偷懒"，孩子更优秀

每当他选中一个昂贵的玩具或吃了会不妙的食品时，我们都得想尽各种说法让他理解我们对这件事的担忧，但同时又要在态度上让他确实认识到：如果他坚持，他还是可以买。有时我们会成功说服他，有时我们会失败，失败时就真的买了个很昂贵的玩具（或我们很讨厌、阿果很喜欢的食品）回家。

　　忘了多久之前，他就已经能接受我们的建议了，尽可能不买高价或不对劲的商品，转而去考虑我们建议的商品。最近几周，阿果在节制物欲方面又更进一步了。在我跟他妈妈一人拿了一罐啤酒或汽水时，他偶尔会摇着小食指说："我今天不想喝饮料。"进入玩具店或商店时，偶尔也会因为种种原因什么也不买就离开。

　　比如说，有一次去玩具店，他看上了一只乐高小鸟机械人，但那只机械人缺货，于是他自己选了同系列的鳄鱼机械人。但其实我也喜欢那只小鸟机械人，于是我就提议去其他玩具店看看有没有卖的。我们连续找了两家玩具店都没有卖的，而阿果也什么都没买就离开了。回家后，我们把鳄鱼机械人组装起来，还挺精致，他也心满意足。

这个月我们去了三四次玩具店，而且其实都是"预算无上限"，但阿果只花了一百多元。这种情况，即使是十年前甚至五六年前的我自己，也是不太可能的。

妈妈会"偷懒"，孩子更优秀

PART 4

"电子产品儿童" 是如何养成的

孩子沉迷于电子产品怎么办

常听闻家长们三天两头总是担心孩子们过度使用电子产品，整天抱着手机、平板，觉得应该拍个电子产品戒瘾公益短片。

近年来，人们开始将"大量跟电子产品相处"和"大量使用药物、酒精"放在一起讨论，将长时间使用电子产品视为一种成瘾的状态。以我在教育现场的经验，我本来是不甚同意这种说法的，但在看过约翰·海利（Johann Hari）的TED演讲《你对上瘾的所有认知都是错的》之后，我改变了我的看法。

我觉得这个演讲里最有意思的例子，是将一个早期的实验跟近期的实验作了比较。早期的实验是将老鼠放在一个封闭的笼子里，提供掺杂毒品的水跟没有毒品的水，结果发现老鼠在笼子里出现毒品成瘾的状况；而在近期的实验里，实验者建造了一个"老鼠乐园"，"乐园"里除了有跟早期实验一样的两种水之外，还提供给老鼠各种娱乐器材，以及可以交往的"好朋友们"，在这种情况下，老鼠们则倾向于喝普通的水，很少喝掺有毒品的水。

这样的实验结果，让我觉得电子产品成瘾和药物、酒精成瘾确实可以放在一起讨论了。下面的文字会专注于教育现场"孩子长时间与电子产品相处"的情况（尽管通常大人跟电子产品相处的时间更长），然而在正式讨论之前，我认为我们需要先弄清楚一些问题。

使用电子产品，还是被电子产品使用

二十五岁的阿牛本来一直都觉得学习是一件很无趣的事，

妈妈会"偷懒"，孩子更优秀

一路读书考试当上了公务员，本来以为人生就是这样上下班打卡了，但去年他在偶然接触到程序设计的课程时"一见钟情"，即使第二天要上班早起，他仍然每天晚上要花好几个小时坐在电脑前写程序。

我们都知道喝酒跟酗酒不是一回事，生病吃药跟嗑药也大不相同，花很多时间玩电子产品也不见得都是所谓的"成瘾症状"。在上面这个阿牛的例子里，我们通常会认为阿牛是找到了自己的热情所在，而不会认为他的情况是需要被修正的、缺乏自制力的"成瘾"状态。有一种特别的说法认为，这里的阿牛其实是在使用电子产品，而不是真的属于成瘾状态的"被电子产品使用"。

然而，如果阿牛是十二岁甚至是八岁，许多大人又会开始操心这个那个了，比如说阿牛是不是太早投入了程序设计而可能会错过世界上其他的风景，或者担心他的健康问题等等。大人对孩子的担忧其实根本就是生生不息的。

成瘾还是沉迷？

五岁的小明沉迷于钢琴，每天要花八个小时以上的时间弹琴，让他去做别的事，他不是听不见，就是直接表示不愿意。他的家长非常困扰，认为小明弹钢琴过度了。家长带孩子去见一位教育专家，专家建议他们带小明去看儿童心理科的门诊，毕竟小明已经呈现出"弹琴成瘾"的症状。除此之外，家长用八折的见面优惠价，从专家那里买了一本《摆脱钢琴成瘾？你可以这么教》的书。

当一个人在评论某个事物值不值得花大量时间投入时，总是跟他自身对那件事物的认识与评价有关，而每个人对事物的认识与评价，总是受到文化的影响。在小明的例子里，钢琴如果在主流文化里被识别为"不值得花费大量时间投入"的事物，那么小明的状态就更容易被归类进"成瘾"，从而提高了被家长带去接受矫正或治疗的可能。

另一方面，人们对成瘾问题的想象也跟使用的物品有关。

回到比较常见的状况，假如一个人花很多时间弹钢琴，我们顶多会说他是"沉迷于钢琴"，至少我没听过大人会担心孩子"弹钢琴成瘾"的；可是假如对象是电子游戏，就会有不少人认为这是个"成瘾"问题。

也就是说，许多家长之所以担忧电子产品成瘾的问题，很可能是因为他们瞧不起孩子们使用电子产品做的事。假如孩子拿平板是在写程序打算要黑进美国的卫星寻找隔壁小红失踪的猫咪，或者孩子在看的电视播的是科学主题的节目，那家长们就只会担心最基本的视力问题了。

然而，主流社会对某些事物的评价总是会随着时代的转变而转变，过去主流社会也曾认为很会玩电子游戏不是一门有价值的技术，但现在电玩已经是有职业赛事、国际赛事的专业竞技了。除此之外，曾经彩妆、美甲、裁缝等"女红"被视为每个女人都应该要会的技能，谁想得到现在满街都是美甲店，美甲已经变成了"并不是每个人都要拥有"的"专业技术"？

另外还有一个最近几年兴起的专业，叫作"主播"。老实说，我完全搞不懂那些人鬼吼鬼叫地打游戏有啥好看，但我家小鬼平均每天要花三个小时以上时间看这些直播。而这能够累积数十万甚至数百万人关注的事业，或许我们需要正视它。更何况，我身边有些孩子就正在研究如何当一个主播，而实际上，有些已经受到关注的主播也就是个孩子。

虽然已经是老生常谈了，但我想大人们面对孩子关注的事物，还是不要轻易去判定那是在"浪费时间"或"没有意义"比较好，毕竟对于未来的世界，我们其实不比孩子懂得更多。

打一场战争不如打造一个乐园

无论是否接受以上分析，作为孩子的主要照顾者，我们几乎不可能避免无休无止的担忧。如果我们仍然决定要让孩子摆脱"成瘾"的问题，或者说至少想让他们去多接触丰富多彩的世界，根据约翰·海利的演讲，我们确实有可以做的事。

过去我们认为，成瘾不是生理上的问题就是习惯的问题，

而要克服成瘾，就要依靠个人的意志力做出正确的选择。那些成瘾的人被视为缺乏自制力的人，而主流社会倾向于将缺乏自制力视为一种人格上的缺失。

然而，就像前文提到的那部影片所讲的，如果成瘾的原因只是如此，那么那些在重大手术之后长期使用止痛药的患者，就很可能会在离开医院之后成为毒品依赖者，但事实却不是这样。于是有部分心理学家试着重新建构推论，认为成瘾也许不是因为生理上的依赖，而是人际联系的匮乏。

这个推论与我在教育现场的经验相符，包括我最近听见的一个例子也证实了这一点。第一个例子是四岁左右的男孩，看电视的时间越来越长，他爸妈和我提到这件事，询问我的意见。我的意见是什么，在这个例子里不重要，重要的是，后来这位男孩跟着妈妈到母家大家族住了好一阵子，在那段时间里，有许多大人排队等着跟这个孩子玩耍或陪他一起做一些事情。而当这个孩子再回到自己的小家庭时，不仅不再那么想看电视了，反而时常主动要求大人陪他一起做些事情。

另一个例子是关于一个家长的团体，他们为"电子产品大作战"试过了非常多的方法，但大致走的是要求孩子拿出自制力的路线。不过，今年暑假他们举办了一个孩子们十分感兴趣的夏令营。在几天的夏令营中，他们举办了各种有趣的活动让孩子们自由玩耍，于是，孩子主动要求使用电子产品的时间大幅下降，纷纷加入运动、劳作等活动中。

我并不认为这个推论能够涵盖所有的孩子与所有情况，但在我的经验里，如同演讲里所提到的"老鼠乐园"实验，当孩子处在有许多乐趣的环境之中，电子产品对孩子的吸引力就可能大幅降低。

也就是说，这其实不是一场关于电子产品的拉锯战，而是一场大人陪孩子探索世界的持久冒险。与其把时间用来看让你焦虑的育儿书，或者处心积虑去制订各种规则与罚则，不如把时间拿来陪孩子玩、带孩子出门、计划一些让孩子能够跟朋友们一起玩耍的时间与空间。

妈妈会"偷懒"，孩子更优秀

日记：网络大骗局

五岁三个月

我曾提到，阿果这辈子几乎没有被强迫过做任何事情，除了看病时被医护人员架住（这也让我们往后对医护人员的选择变得十分敏感）。

不过为了"破除神话"，我也通常会补充一个我们欺骗阿果的例子，事实上也是他这辈子唯一被我们欺骗的事情，那就是"关网络"。

阿果大约三岁就有自己的二手电脑，四岁就有自己的二手平板，但在他大约三岁半时，我们发现要是我们不陪阿果玩，阿果就会跑到电脑前蹲着或打开平板看视频，一看就停不下来，如果我们没有祭出"陪他出去玩"或"陪他玩桌游"之类的大招，他绝不会轻易离开屏幕里的猫和老鼠。

当时我们认为这是我们的问题，我们自身应该减少待在屏幕前面的时间，并且增加陪他玩耍的时间。但我们实在也太需要自己的时间了，某一天情急、我们又懒惰的时候，就直接把网络关掉了。本来我们以为这招很快就会被识破，但没想到就这样过了一年半，阿果竟然真的相信网络会被他"用完"，这也就是他这辈子唯一被我们糊弄的事。

这学期我们考虑接下来我们的自学计划时，开始对自主学习、动机、学习方向与内容等等展开讨论和反思，也终于发现这一年半来他蹲在电脑前的状况并没有因为长大而有所改善，反而因为我们采用了一个偷懒的技术，让他在"有网络"的时候，更爱黏着电脑了。而且在这一年半之间，由于我们依赖于这个偷懒的方法，关于这件事情的思考也就停了下来，毫无进展。

由于自学的计划迫在眉睫，这个妨碍自主的"偷懒方法"自然也不能再继续下去，我们决定正面迎战这件事情。首先，

妈妈会"偷懒"，孩子更优秀

就是告诉阿果，他被骗了。

我慎重地告诉他这件事（并且道了歉，他看起来不怎么在意），他很平静地听完，有一点"啊！原来是这样！"的感觉，也没有生气的样子。

不过从此之后，我们就得好好面对这件事了。

昨天我们先试着"让他看到瞎掉为止"，但在他看了近两个小时后，我们终于沉不住气去让他停止。他虽然听我们说过很多次"一次看太久会瞎"，但到底会怎么瞎、具体来说看多少会瞎，我们三人其实也没有多少概念。不过大致上，他愿意相信我们的判断，也不想因此而瞎掉。

傍晚时，我提出一个方案：看半小时休息半小时。他自己设置定时器来提醒，他接受了。今天我们开始尝试这个方法，到现在为止大致上还算成功。

总之，最后一个（也是唯一一个）骗局被拆穿了，值得纪念一下。

PART 5

培养孩子的自主性

自主学习是什么

不知道从什么时候开始，被强迫而得到的学习成果已经不能让许多家长满意，孩子得"自主学习"并且得到成果，才符合这些家长对于"理想教育"的想象。

就像甜度有三分、五分、七分，"自主学习"也有很多种表述。我不打算（也不觉得可以）处理所有自主学习的歧义，所以在本书里，只会以下面这四个例子所指出的框架，来讨论自主学习。

常见的四种自主学习

情况A： 主动去做有兴趣的事

太郎的工作是修摩托车，他从小就喜欢修摩托车，而且他家也是开车店的。虽然他父亲觉得干这行没出息，希望他去当医生，但太郎一心只想当个修车师傅，一有空就会研究网络上各种摩托车的"疑难杂症"。

情况B：主动去做没兴趣的事

二郎的工作是做甜点，可他从小就不太喜欢做甜点。他家是开蛋糕店的，他父亲也要求他继承家业。于是，他在不知道自己要干什么的情况下，从父亲手上接下生意一路做了下来。去年，他家附近开了一家85℃的面包店，自家店里的生意一落千丈，他觉得这样下去不行，就只好去书店买了两本法式甜点书，没客人的时候拿出来研究、试做，虽然他对甜点不太感兴趣，不过也就只能这样了。

妈妈会"偷懒"，孩子更优秀

情况 C： 被动去做有兴趣的事

三郎一直以来都很喜欢篮球，也喜欢球赛，只是不喜欢练习打篮球。然而他继承了父亲篮球健将的天分与体格，父亲又以断绝父子关系相逼，三郎被迫参加了校篮球队，并且被要求必须打进全国大赛、夺取冠军。为了维持父子关系，三郎只好乖乖去球队练球，但只要球队的练习结束，他绝不多练。

情况 D： 被动去做没兴趣的事

四郎在连锁的意式餐厅做了两年的服务员，他不喜欢料理，但老板希望他在店里清闲的时候负责一部分厨房的工作，于是用开除来威胁他，让他学习意式餐点的制作。为了保住工作，四郎乖乖学习，虽然不曾偷懒，但也绝不多学。

在以上四个例子里，我用"兴趣"与"主、被动"作为两条轴线，将"学习"大致分为四个类型，如下表。

	主动	被动
有兴趣	A 主动且有兴趣 （做梦都会笑）	C 被动且有兴趣 （有风险）
没兴趣	B 主动且没兴趣 （别有目的）	D 被动且没兴趣 （排除）

再次强调，在本书里，我所讨论的自主学习将在这个框架里。

首先，如果是我，我会先排除 D "被动且没兴趣" 这种学习类型。虽然这个类型的学习者仍可能有部分的主动性，例如四郎的例子，他理智地选择配合老板规定的学习计划，这个决定可以被认为是他的主动性的展现。

可是，要是我们接受这种程度上的"自主"也算是自主学习的话，我们就很难举出一个反例，而"自主学习"这个词会显得十分空洞。除此之外，我们可以预见，除非有什么其他的因素介入，否则四郎在完成老板交代的任务之外，不

会继续他在意大利料理上的学习。

在 C "被动且有兴趣"这个类型里，同样也不能说学习者完全是被动的，而且因为学习的目标与兴趣是相同的，学习者的主动状态可能比 D "被动且没兴趣"更高。除此之外，我们时常还可以看到一些由"被动转为主动"的例子，例如周杰伦听妈妈的话"被主动学习"，后来投身音乐，成了家喻户晓的艺人。

然而同样都是"被主动学习"，我们也知道很多因此而与自己的兴趣"诀别"的人，还有些人因此而开始讨厌最开始的兴趣，比如有人虽然仍然喜欢音乐，但却因为这段"被主动"的经历，而对音乐有着复杂的情感。也就是说，C 这种类型可能是有风险的，并不是所有的"被主动学习"都会由被动转为主动，反而可能会从有兴趣变成没兴趣。

相对于类型 C 和 D，类型 B "主动且没兴趣"是一个相对容易理解，也比较常见的类型。在现代社会里，大多数因为工作而展开的学习，几乎都是这个类型。为了升职、加薪、得到更好的工作待遇，人们参加升学考试、学语言、考证、

掌握各种被主流社会认可的技术。假如我们倾向于接受"兴趣式学习"才是积极的，那这种完全与兴趣无关的自主学习，可以理解成一种"别有目的"的学习形式。

总的来说，我认为类型 D 不能算是自主学习，类型 C 有未知的风险，而类型 B 大致是现代社会很常见的模式，不太需要操心。至于类型 A，假如自己家的孩子真的像上面的太郎这样，遇到人生中想要热切投身的兴趣，大多数家长做梦都会笑吧。

哭笑不得的自主学习的可能

小甲喜欢上了一位电竞选手，将那位电竞选手作为自己的偶像，并立志要在电竞中有一番作为，认为电竞是自己的"天命"，这辈子要为电竞贡献自己的力量。

如果有这样一位找到自己"天命"而热切投入自己精力的孩子，身为家长的你是否还做梦也会笑呢？

妈妈会"偷懒"，孩子更优秀

大多数人应该笑不出来了。

同样的例子其实不太难找，比如说成为漫画家、艺术家、电竞选手等等，当孩子往这个方向展开学习活动时，家长们通常不会兴高采烈地和他人宣布："我的孩子有自主学习的能力，我真是三生有幸啊！"

从这些例子来看，在这些家长们的观点里，有些东西是应该被排除在孩子的"学习"之外，以至于即使孩子已经热情且主动地开始相关的自主学习了，家长仍然会问"为什么我们家孩子不能自主学习（数学或英语）呢？"

家长们在意的恐怕不是"怎么让孩子开始自主学习"，而是"怎么才能让孩子去自主学习我想要他学习的东西"或者"怎么让孩子的热情投入到我想要他投入的领域"。

假如我们仔细想想人的一生，我们会发现即使是（在我提出的架构里）最严格的 A 类型的那种自主学习，也并不是很少见的状态。

当孩子刚出生的时候，他就会开始投入大量的时间与精力，去做那些他有兴趣的事，试着凝聚视线、分辨味道、抓握、翻身、坐起、爬行、站立、行走，这些肢体上的，即使没有"被动学习"，也没有一个人会没有热情。之后很长一段时间，孩子会试图理解语言、情绪、人与人之间的关系，指着世界上各种新奇的事物，仰头殷切期望获得一个解释。

跳过中间那十几年，当一个人从家庭中独立出来，能够自主决定、安排生活之后，大多数人在 B、C、D 的类型之外，仍然有展开 A 类型学习的情况，比如学吉他、学烹饪、听讲座、听音乐、看电影、阅读、学彩妆等。

也就是说，通常一个人没有进行 A 类型自主学习的时期，一般是我们认为最应该积极自主学习的那些年。而那些年也是一个人一生中，最有可能被干预学习方向的那几年。

但即使是在那几年里，孩子真的就没有开展过 A 类型的自主学习吗？孩子没有因为看了《灌篮高手》，就在大太阳底下练了一百次上篮吗？孩子没有因为看了某个游戏比赛的实况解说后，打开游戏去练习操作技巧吗？

还是说，只是因为这些学习都被大人排除在自己的视野之外，才导致大人们在那边哀叹"我的孩子不会自主学习"？

妈妈会"偷懒"，孩子更优秀

假如我们同意 A 类型的自主学习是常见的状态，那么大人们该问的或许不是"孩子怎么才能培养自主学习的能力？"而是"在什么情况下，孩子比较可能开启自主学习的状态？"至于"痴心妄想"孩子会"配合"大人，去学大人觉得有用的东西，就不在本文讨论的范围内了。

"坚持"下去，才是好的自主学习？

另一种 A 类型自主学习的状况，是孩子虽然主动想要学习一种东西，但却不像太郎那样只专注在一件事情上，而是在投入热情一阵子之后，因为某些原因决定"暂停"，转而将热情投入到另外一件事情上。在这个时候，虽然孩子的学习符合"主动且有兴趣"的条件，但家长可能也会怀疑"没有坚持下去的学习，算是主动学习吗？"

相较于"随着兴趣转变的自主学习"，持续不断地自主学习是一种比较少见的状态，在后者这种状态里，人们比较容易成为一个"成功者"，而这两个标签符合我们对"理想人生"的某种想象。比如说，一位持续对音乐保持高度兴趣并且持续主动练习的孩子，就这样长成大人，最后走向国家音乐厅的表演台。

人们对"成功人生"的想象与执着固然有其由来，但我在这里并不想深谈这个。我想要简单指出另外一种可能性，那就是"普通人生"——我们有没有可能接受一种普通的人生，就是活着，觉得有意义，觉得快乐就好？

让我们想象一个成人，他依靠类型 B"主动且没兴趣"的自主学习取得了一定的谋生能力，然后在 A"主动且有兴趣"的类型里不断改变主题：这两年学烹饪，过两年学服装设计，又过两年研究彩妆，再过两年跑去学吉他……这样真的有什么不妥当吗？说起来，这不就是大多数人的人生？

也就是说，许多家长的问题并不是"我的孩子没有自主学习"，而是"我的孩子没有自主地去学我想要他学的东西"。另一方面，还有一些家长的问题，是"我孩子的自主学习没有往我认为的理想人生的方向前进"。

  妈妈会"偷懒"，孩子更优秀

很明显，这并不是孩子的问题，也不是自主学习的问题，而是家长想要把自己的期待放在孩子身上，从而衍生出的麻烦。

假如你是个百年难得一见的自学奇才

比如这种"我家孩子本可以，但我让他失去了机会"的担忧，时时萦绕在许多父母的心头。在我看来，假如我们能够克制自身对孩子发展方向的期待，尽可能去满足孩子发展A 类型的自主学习并不是坏事。只是我们要记得，这样的努力未必有效，或者应该说，这样的努力时常是没有效的。

我认为我们在试着找出孩子可以不平凡的点的同时，也要提醒自己记得，孩子也可能终究是平凡的，孩子也可以选择平凡的人生。在以上的前提下，我想要讨论开启A 类型"主动且有兴趣"自主学习的条件。

对于学习者来说，需要的条件包括"见识与经验""余裕"

以及"自我期待"，而从父母或教育者的角度来看，我认为需要"余裕"与"对期望或投射的克制"。

自主学习的前提条件：见识与经验

要投入一件自身有兴趣的事情，首先得要知道世界上有那件事，小明如果没见过、没听过蛋糕这种东西，就不可能想成为一个点心师傅。我们也可以想象，吃过好吃的蛋糕的人应该会比没吃过的人，更有可能想成为一个点心师傅；看过《灌篮高手》漫画的人，也可能会比没看过的人更想去打篮球。

我认为一个人要投入 A 类型的自主学习，得从知道世界上有那件事情开始，接着要通过某些方式来经历它。可能是实际的经验，比如说实际操作锯子、在田里除草、跟着大人走上登山步道；也可能是比较间接的经验，比如说看漫画、小说、电影。

妈妈会"偷懒"，孩子更优秀

然而，并非所有的经验都必然有助于自主学习的开展，比如说市面上有一些行业体验的活动，这些活动将某个行业的刻板印象放大，容易让人产生一种"这个行业就是这样而已"的想法，比如空姐就是穿得美美的去端饮料、农业就是走进泥巴田里插秧……

　　这种类型的体验活动致力于制造一种"万事皆明亮、好玩并且适合拍照纪念"的错觉，这些体验活动中的"好玩"并没有差异，也就是说，这些体验活动并没有把该职业或技艺能让人愿意主动为之献身的特质显露出来。在最糟的情况下，这类体验活动甚至放大了主流观点对这些职业或活动的刻板印象，阻碍了人们认识这些职业活动的本来面目。

　　相较于这种体验活动，我们或许可以找到一些更贴近实际状况的体验方法，比如说通过"打工换宿"实际在农人家里参与劳动一段日子，或者是对从事该项职业或活动的人进行比较深入的访问。

　　不过，即使我认为上述大量运作刻板印象的体验活动，对自主学习的开启并没有什么帮助，但仍然可以想象，在某种情况下，也会有人因为这种体验而开始终身的自主学习。

小珠在一次"加入空姐"的体验活动中，按照流程换上空姐制服、模拟发餐点、拍纪念照……对小珠来说，这一切都还算有趣，但也没什么特别的，直到她看见一位大姐姐穿着跟她一样的空姐制服，手上拿着旅行社的宣传单，那样子非常漂亮，像极了她那喜欢四处旅游却早逝的姐姐。这个画面毫无理由地掳获了她，成为她生命的主要背景。十五年后，她终于如愿在国际线的班机上服务，并且持续维持着作为一个空姐四处旅游的热忱。

然而，我认为上面这种例子并不多见，反而提醒了我们：一个自主的人，其人生方向可能是很随机而难以掌握的。

自主学习的关键条件：余裕

"余裕"可以从两个方面来谈，一是父母或教育者的余裕，一是孩子的余裕。

  妈妈会"偷懒"，孩子更优秀

如果我们要带孩子去拓宽眼界，比如说去农庄打工换宿一个月，除了需要一定的经济能力之外，也需要父母本身的其他资源。比如说，伴侣的支持就是一个比较难得的条件（也就是常见的阻挠）。要让孩子多方接触各种靠谱且不错的活动，也考验父母搜集信息、经营社群的能力。由于孩子缺乏自主行动的能力，照顾者本身的身心状况也是重要的条件之一。

以上种种可以被统称为"资源"的因素，我将其总称为"余裕"。在越有充分"余裕"的情况下，自主学习就越可能发生。除了父母或教育者的"余裕"之外，人们很少注意到孩子的余裕。

有一次有个孩子跟我说："我每次放学后都很累。上课要发呆，发呆很累；可更累的是，还不能被发现在发呆，这个真的很累。"在基础教育阶段，孩子不能展开自主学习的原因之一，是基础教育占据了孩子大量的时光，孩子不仅没有多少课外时间，也没有精神。

若是孩子在放学后只想玩耍而不想投入任何活动，可能就跟许多人下班后只想看韩剧、刷微博、看八卦综艺节目一样，并不是什么主动性的问题，而是他没有"余裕"。这当然也跟个别孩子在学校的状况有关，我们也可以见到许多在学校表现得游刃有余的孩子，他们在课后仍然精力十足，有很多的余裕，这也可能是因为他们在其他方面拥有较多的资源。

即使每个人的"余裕"可能大不相同，使我们不能有一个客观评估余裕的方法，但这个观点仍然能够修正"想做就一定做得到""只要努力就一定可以""假如你没有成功就是你不够努力"等将责任完全丢给个人的观点，这让我们看到外部条件对人是有影响的。

自主学习的核心条件：自我期待

我认为一个愿意持续精进的自主学习者，必然有一份对于未来自我的想象与投射（这必须得是来自自身的，而不是

外加的）。这种自我期待的想象可能在非常早的时候如童年就已经存在，比如想成为像爸爸一样的男人，或者成为像小飞侠那样的英雄。

孩子在游戏之中，试着将自己投射到扮演的角色里，模仿那个样子，想象自己是那个样子，这与"用右手试着丢这颗球，看它能飞多远"这种类型的学习与探索截然不同，是一种更积极的形式。

因为这个形式的目标指向一个"离现在的自己很远"的远方，以至于这种学习与投入可能可以持续很长一段时间，直到孩子发现另外一个"更想要变成的样子"为止。

个人建构自我期待的可能性，与个人身处的文化有密切关系。在一个崇尚成功与英雄的社会文化里，人们可能更倾向于期待自己成为一个成功的英雄。一个有趣的例子是，我们有时会听见女孩子对于长大的想象是"成为一个妈妈或妻子"，但我们几乎不曾听说有个男孩子对于长大的想象是"成为一个爸爸或丈夫"，男孩的自我期待更常是航天员、科学家，或某一种"成功"或"专业"的形象。

环境若是能给孩子提供尽可能多的"典范"，孩子的自我期待就有更丰富的可能性。如果媒体因为某种原因而开始大量报道持家的男性典范，接触到这些信息的孩子，就更有可能将自己投射成为持家男性的样子。社会如果能够更加重视、肯定女性运动员，有运动天分的女孩就更有可能投身于运动中。

我认为自主学习是一种天赋的能力，但需要条件才能启动，这些条件包括见识、余裕和自我期待。至于大多数父母与教育者所担心的"自主学习"的问题，可能是因强烈期待而造成的视野局限，看不见孩子其实已经在自主学习。孩子所面临的自主学习的问题，除了没有余裕之外，缺乏多元的典范让孩子能够借以形塑自我期待，也是一个值得我们思考和努力改善的方向。

妈妈会"偷懒"，孩子更优秀

活生生的学习者

对一个教育者来说，"学习动机"是一个很神秘的概念。有经验的教育者，多多少少都知道一些做法或技巧，有可能可以增强或降低学习者的学习动机，然而，教育者们同样也知道，这些技巧或做法，都不能百分百保证最终的结果。

以学习钢琴这件事情来举例，我们知道有些人如周杰伦所宣称的那样，是被逼着逼着就爱上弹钢琴的，但我们也知道有不少人，是因为从小被逼着练琴，而一辈子不喜欢弹琴的。对于这种情况，我们一直以来都缺乏理论上的解释，只能用"没有一种万能方法适合所有孩子"来作为解套的说辞。

在《自主学习是什么》这篇里，我提到我对自主学习的想法，当时我自己确实也觉得这样分类太过简略，如还有"主动的被动"或"被动的主动"这些可能性。这件事情我一直放在心上，直到遇见阿如和阿碰，才重新修正了对自主学习的理解。

主动或被动，都不能解释清楚这些选择

阿如跟阿碰一起上裁缝课，阿碰很快就决定自己要做一个仙人掌，阿如看到阿碰要做仙人掌后，用一种拐弯抹角的傲娇姿态，表示自己也要做仙人掌，大概就是说："我才不想做仙人掌呢，可是……那个，做一下好像也可以。"接着，阿如继续用各种技巧包装自己的仙人掌计划，让它不那么"跟阿碰的一样"，就这样过了一周。

一周后的第二次课程里，一开始说要做仙人掌的阿碰遇到一个瓶颈，开始犹豫要不要放弃，老师给了一个建议，但阿碰没有采纳，决定要把完成的半成品改成别的东西。

妈妈会"偷懒"，孩子更优秀

这下好了，船开到一半领航员跳船了，阿如会怎么做？

在老师的预料之外，阿如竟然接下了老师原先给阿碰的计划，决定要把仙人掌"这条路"走完。

我们要怎么描述阿如的状况？为什么她会选择模仿，而不是自己想一个主题？为什么她在第二堂课里，又决定不继续模仿（跟阿碰一起做别的）了，而是要自己继续做仙人掌？可以说阿如在第一次上课的时候主动性比较低，而第二次比较高吗？这两次之间有了什么变化？

可以这样说，阿如是先（比较）被动，后（比较）主动，那么阿碰是一直比较主动，后来只是换了方向。

假如在阿碰的例子里，我们决定要扩大自己的视野，承认"换个方向"并不能算是"不主动"，那么回头看阿如的情况，又真的只是简单的"先被动，后主动"吗？她一开始的学习状态，难道没有"主动的成分"吗？假如有，那么她的主动又表现在哪里？我们又该怎么描述这种状态？

必须跳脱二元的想象

"处境"是事实性（facticity）与自由（freedom）共同造成的。

——《像女孩那样丢球：论女性身体经验》

让我们根据已知的信息，再描述一次阿如的状态：

阿如一开始犹豫要做什么，在阿碰说自己要做仙人掌之后，阿如就用拐弯抹角的方式表示自己也要做仙人掌，"但跟阿碰的不一样。"然而在制作的过程中，阿如仍然持续模仿阿碰的行为。隔了一周之后，阿碰移转了创作的方向，但阿如却没有跟着转移，反而坚持要把仙人掌做完，并且接纳了一个辅导者本来要给阿碰的建议。

假如我们只有主动或被动学习这种二元的思维，那我们就只有"被动转主动"这种浅薄的认识，并且对于阿如"怎么会"转变的动机，仍然不清不楚。

于是我们会发现，在这种二元思维里，无论是主动还是

  妈妈会"偷懒"，孩子更优秀

被动，其原因都非常"神秘"。因为我们只知道结果，而不知道确切的原因。这种"神秘"造成了商机，让各种"教育专家"可以"混口饭吃"。

过去一两年来，我认为这个"主动／被动"之间的"神秘领域"终究是不可被理解的。就以阿如的例子来说吧，假如我们认真追究下去，会发现造成阿如一开始"显得被动"的原因非常多，比如负面的学校经验、负面的学习经验、亲子关系、人格的发展等等，都会影响了阿如当下的状态；另一方面，假如我们去追究阿如在第二堂课里"转主动"的原因，也会发现并非只有一个原因，可能包括开放和接纳的教育环境、突然萌生的对自我的期望、之前某一次看到某个作品带来了想法，还可能包括最麻烦的、那些造成阿如被动的经验，比如学习经验、学校经验以及亲子关系。

所有细心并且有点经验的教育者都会知道，教育现场发生的某件事情，对不同的成员会造成不同的影响；而对此事有更多思考的教育者则会进一步认识到，即使是同一件事情，对同一个成员来说，也会造成不同的影响。

阿如的样子：学习者的"事实性"

有时，成员会因为时间与经验的推进，而对同一件事情有不同的诠释；有的时候则更极端些，某件事情可能同时对一个人造成两个相反作用的影响。比如说，当某人看到一件很精美的木工作品时，这个经验可以让他因向往而振奋，但同时也可能让他自觉不如而却步。无论如何，这些累积在阿如"身体"里的经验，造就了现在这个阿如。

除此之外，一个人在面对一个选择时，会有许多限制。比如说物理上的限制，阿如她只有两只手，没办法同时制作很多个作品；比如这一堂课只有两个小时，如果犹豫得太久，制作的时间就会变少。除此之外，在阿如的"身体"里，还有各式各样的限制，比如说学习经验、人格发展的状态、自信心等等。从小到大累积的各种经验与认识，都会限制阿如的"可能性"。有时，这些限制远比物理上的限制对人造成的影响更大，让人不相信自己是可以的。基于这些内在或外

妈妈会"偷懒"，孩子更优秀

在条件的当前认知，也就是"阿如就是（当下的）阿如"。

"阿如之所以是阿如"加上"阿如就是阿如"，这些内在、外在的种种条件的总和，就是阿如的"事实性"。

让我们试着用"事实性"来描述阿如的状态。在第一堂课里，当阿如坐在桌子前面，开始思考自己要做什么的时候，阿如是在她的事实性里思考。在第二堂里，当阿碰宣布自己不再继续制作仙人掌时，阿如坐在桌子前面，也开始思考自己要不要跟着转向，她也是在她的事实性里思考。

我现在觉得，对于阿如的学习状态，比起"主动／被动"的二元架构，从上面这种角度来描述会更为贴切。或者说，我觉得教育者该做的事情是，先放下主动或被动这样的评价，尽可能面对和观察阿如现在的样子，对症下药。

阿如的选择：学习者的"自由"

对于存在主义者来说，在面对"事实性"的当下，个人

总是有选择的自由。

阿如面对自己的"事实性"可以有所选择。在第一堂课里，阿如决定要婉转地模仿阿碰；在第二堂课里，阿如决定不再追随阿碰，展开自己的道路。这就是阿如在"事实性"的前提下所拥有的自由。

想到这里，我们自然而然地就跳脱了"主动／被动"二分的框架，进入了阿如的"个人经验"里，重新定位了主动与被动的各种可能性。

阿如既不是单纯的主动，也不能说是单纯的被动，而是在那个事实性面前，活用了属于她的自由。

综合了阿如的事实性与自由，就能理解阿如的个人处境了。因为处境是这样，所以在主动与被动之间，主动转被动、被动转主动、被动更被动、主动又被动又主动……这些千变万化的状态，就理所当然了。去思考阿如的处境，在提醒我：孩子是活生生的人，不是简单地用一些模式、属性就可以清楚定义的，教育孩子也不是"怎样做……就一定会怎样……"。

活生生的学习者

我曾经有一段时间，很着迷于分析个人的状态。以阿如这个例子来说，我可能会很"专业"地指出，可能阿如是因为什么在第一次上课时有了犹豫与模仿，又是因为什么，在第二次课上有了主动与奋起。

然而，无论我们在教育现场多么努力地去提供一个接纳和开放的环境，好让孩子能够发展自己的样貌，还是会遇到一些不那么主动的孩子，也总是会遇到理论无法解释的情况。面对这种情况，我们过去总是用"时候还不到"或"那些捆绑住孩子的因素太强了"来安慰自己。而这些说法，有时会让我们教育者不自觉地给孩子贴了标签，影响我们对待孩子的态度，甚至有时，也影响孩子对自己的认识。

这时候，如果我们找孩子聊聊天，又运气很好的时候，我们会听见或看见孩子的想法，会知道，在那些看起来没什么不同的行动里，其实藏着孩子们小小的突破或转变。

过去在"主动／被动"的二元架构里，我们的理论框架无法描述这种小小的突破或转变，只是觉得"事情果然在慢慢变好"，并稍感安慰。然而，假如我们试着去倾听和理解孩子的处境，就会知道孩子的状况既不能简单说是自主的，也不能简单说是被动的，而是在面对自身事实性时，灵活运用了自己的自由。

我想，我们教育者在尽力去掌握各种理论或技术工具的同时，仍然要时刻记得，我们的教育对象是一个又一个鲜活的人，和每一个活生生的人一样，他们通常既勤奋又懒惰，既主动又被动，既坚强又脆弱。

在我们面前的受教育者，是所有理论都不能完全概括的，是"他之所以为他"的原因和结果。如果你想多知道一点，你得要试着听他说。

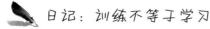 日记：训练不等于学习

两岁十个月

夏天了，我们想让阿果试着摆脱尿布。他容易流汗，这几天尿布疹也十分严重，所以我们开始说服他试着不用尿布，也准备了很多条换洗的裤子。

昨天回我母亲家，阿果也没穿尿布，我母亲忍住木地板可能被尿尿的心疼，让阿果继续不穿尿布。

母亲想要训练阿果尿尿好一阵子了，为了避免我跟母亲的亲子关系紧张，除非我母亲强迫阿果，我一般睁一只眼闭一只眼。另一方面，我也对阿果有信心，我不相信很少被外在力量勉强的他，会轻易改变自己的想法。

第一次，阿果直接就尿出来了，木头地板上一地尿。我们帮阿果收拾好，换上新的裤子。我在旁边看电视，母亲继续跟阿果玩。

电视看着看着，我听到母亲说要设定定时器，十分钟以后给阿果巧克力吃。我觉得奇怪，问她："为什么是十分钟后？"她说："因为十分钟以后要带阿果去尿尿，尿完才有巧克力吃。"

我顿时就生气了，但还是有意识地忍住，缓和了态度说话。

"别训练他了。"我努力忍耐。

"我没有啊，那是学习。"母亲紧绷着脸说。

"那就是训练啊，动物才会被这样训练的。'学习'是他自己决定要不要去脱裤子尿尿，而不是为了巧克力去脱裤子尿尿。"

我试着解释那是训练，不是"学习"："阿果是人，不是狗，他可以自己决定什么时候去做一件事，也可以决定什么时候不去做一件事。"

妈妈会"偷懒"，孩子更优秀

"我以前带过四个孩子，你也是我这样带大的，他们都是狗？你也是狗？" 母亲也很生气。

　　"对啊，我是狗啊。"我的语气很不好，跟既有的相处模式对抗，还真难。

　　对于我是一只"训练有素的动物"这个事实，我到现在还在努力摆脱，所以我期待阿果可以从小就以一种相对宽松、自由的方式长大。

　　我的话大概伤到了母亲，她没有再坚持下去，就直接拿出了巧克力给阿果吃。我试着扯一些跟电视节目相关的话题缓和一下气氛。阿果吃完巧克力，就想上楼了。

　　我陪阿果上楼，没多久，他就大喊："我要尿尿！我要尿尿！"抓着裤裆冲到厕所。我抱起他，把他裤子脱掉，让他蹲在马桶上，结果真的尿出来啦！

　　尿完以后，整间厕所充满了愉悦的气氛。Give me five！我大概跟跑完超马差不多兴奋吧，毕竟这一路也跑了两年十个月。

　　母亲听到声音，在我下楼的时候问我："他尿尿了？"

我说："对啊。"

我妈："他自己说的？"

我："对啊。"

事实胜于雄辩，母亲大概再也不会训练阿果了吧，至少在尿尿这件事上不会了。

PART 6

孩子间的"权力"与社交

失败的支配

在我的经验里，每一个成员保持稳定的孩子团体中，总有一两个孩子手握极大的"权力"，无论是在人与人的纠纷上，还是在团体的事务上，都能够以一言决定事情的走向。

有一个团体连着两任的"执政者"都是"女王"。前一位"女王"离开之后，本来在"女王"身边关系紧密的"宫女"一来因为在团体中年纪较长，二来因为长久身处"权力中心"而深谙各种人际交往、沟通的技巧，在经历短暂的"夺位"混乱之后，成员内部渐渐稳定，"小宫女"顺利登基成为这一任的"女王"。

从混乱到稳定的过程中，团体经历的其实是一个又一个

"试图支配""反抗"与"终于服从"的事件。之后的一天，由一群男孩组成的一个小活动团体加入了进来，他们本来就互相认识，而且因为他们本身的特质，"女王的统治"始终不能彻底实现在他们这个团体的每一个细节里。我在下面记录的，是关于一次"失败的支配"与男孩们那个特质的故事。

文化中心的广场有几个装置艺术品，这种东西比起其他玩具，更适合孩子发展各种丰富的游戏。孩子们和这些装置互动，通过你一言我一语的方式，在角色扮演中制订出游戏规则。慢慢地，"尤达大师"跟"绝地武士"出场，在这些装置上"建造"了一个又一个"星际基地"。男孩们一边探索广场上的每一个"星球"，一边"磨炼武艺""打造武器"。

随着"尤达大师"跟"绝地武士"们的扩张，女孩们的既有"领土"逐渐萎缩，当女孩们发现的时候，她们已经只剩下整个"星系"边缘的一个"星球"了。这种行为当然触犯了"女王的权威"，她大摇大摆地走近"绝地武士"最主要的"基地"，从容地爬上去，宣布："我占领了这个基地！"

刚好在附近"巡逻"的一位"绝地武士"发现了她的行动，

赶紧发出警报："大师！大师！我们的基地被占领了！"一传十、十传百，出门在外的"大师"带领着"绝地武士"赶回来，包围了"基地"。

被包围的"女王"其实没有表面上那么无所畏惧，眼前这些家伙都不是她能彻底控制的。虽然如此，"女王"仍旧不是好惹的，她低着头一言不发，偷偷抬眼看着这些男孩的反应。以我对她的了解，她大概正飞快转着脑子，在脑海里排练各种应对的"剧本"。

"大师"看着"女王"，"女王"低着头。扮演大师的男孩笑眯眯地抓了抓头，每一个"绝地武士"都笑眯眯地等"大师"的决定，"女王"略显紧张。

"大师"笑眯着眼说："走吧，来去巡逻。"

"绝地武士"们笑眯眯地呼啸而去。男孩们的离开并不是放弃了这个"基地"，而是跳出了"女王"自己设定的规则（服从或反抗）。男孩子们修改了游戏的规则，把"基地"的准入条件放宽了。

"女王"是试图让这些男孩服从于她的，她甚至预料到自己会遭到反抗，虽然紧张，但可能已经准备好跟这些人展开一番争夺了。但她所预期的都没有发生。那些男孩既没有服从她（退出"领地"），也没有抵抗她。男孩们拒绝被统治，同时也拒绝"战争"。

我一边讶异于男孩们的行动，一边好奇"女王"接下来的反应。

她在上面坐了好一会儿，可能在花时间弄懂刚才发生了什么事。然后她从刚"占领"的"基地"上爬下来，也放下了争夺的剧本。

"两军对阵"，紧张局势一触即发，却一下子有了这么大的转折，本来准备好要大战一场的"女王"一下子松懈了下来，离开了没有敌人的"战场"，回到了她的"子民"之中。

这一群男孩有一个共同的特质，这个特质很可能是在从不匮乏的成长经历中累积出来的。他们生理上的需求几乎总是被满足，很少被成人规定，比如说，他们大多能够随心所欲地吃糖，他们心理上的需求也几乎总是被关注到，很少被打骂、威胁，主要照顾者在与孩子有需求冲突时，时常与孩

妈妈会"偷懒"，孩子更优秀

子展开协商。

这些男孩们用一种不常见的方式化解了一场不必要的冲突。我猜想，是不是因为他们几乎不缺什么，所以也几乎不用争什么呢？

不过，这群孩子虽然在跟同侪互动时不太争夺什么，但仍然有与人激烈争夺的时候，那就是跟主要照顾者（通常是妈妈）交手的时候。可这又是另一个话题了。

"女王"候补生

阿云来到这个团体的时候刚升一年级，看起来是个害羞
腼腆的孩子，那时，团体里有一个刚升二年级的女王，霸气
四射，还有一个也是升二年级的小跟班，鬼灵精怪、刁蛮难缠。

有时"女王"与小跟班会闹些别扭，这时小跟班会积极
拉拢阿云加入她的阵营，好壮大自己的声势。只有在这种时
候，平常总是被要求做这做那的阿云才会被重视。但"女王"
不太在乎跟班的小动作，一副随便你们闹的"王者"气势。
我想"女王"很清楚，在她压倒性的力量面前，那些"小计谋"
都是没用的吧。

那时"女王"已经"登基"有一阵子了，度过初期那一段"民

妈妈会"偷懒"，孩子更优秀

不聊生"的日子之后，"女王"在熟练各种"统治"技巧的同时，也因为自身逐渐柔软而成为一个有节制的权力者。到了后来，她会在小跟班出一些折腾阿云或其他孩子的坏点子时，随口一句"好啦，不要这样，我们去玩那个"，然后把小跟班带走。

后来，"女王"离开了团体，在非常短暂的混乱之后，对各种"统治"技巧十分娴熟的小跟班（阿宜）毫无阻碍地成了新的"女王"。

接着又是一段"民不聊生"的日子，新"女王"阿宜像是掌握了新玩具那样"玩弄花招"，搞得阿云那时几乎就要不来了。但阿宜其实是非常善良的人，她有时对人掏心掏肺的好，让人几乎没办法不喜欢她。

妈妈问阿云："为什么让你不想去玩呢？"阿云回答："因为阿宜。"

妈妈又问阿云："那在那里你最喜欢谁？"阿云回答："也是阿宜。"

在这种情况下，我、阿云、阿云的妈妈一直试着保持良好的三方合作关系（这是合作式教育的关键），我一边反复和阿云确认她的情况，一边也尽可能地让阿云妈妈了解现场的情况，让阿云妈妈在其他时间里有足够的线索可以观察到阿云的反应。同时，阿云跟妈妈也有足够的信任关系，阿云愿意向妈妈说出在我们这里发生的事以及她的心情。

就这样，阿云一边怀着复杂的心情，一边和我一起思考抵抗的方法。妈妈则负责后勤支持跟鼓舞士气，顺便提供给我阿云的情绪状况，让我可以在现场琢磨介入事件的时机跟强度。日子一天天过去，我们终于看到阿云一点点拥有了自己的力量，她越来越能严正拒绝新"女王"的支配，虽然这时常招来新"女王"无情的"制裁"，但新"女王"发现她的"统治基础"开始动摇之后，也开始调整自己的"统治方式"，不再那么蛮横。同时，新"女王"在与我们漫长的相处中，也终于看到了我们的示范，看见有权力者如何节制自己所拥有的年长者的权力，并愿意成为像我们这般节制自身的权力者。

于是我们渡过了难关，新"女王"升上三年级，从这个团体"毕业"了，而阿云升上二年级，成了这个团体里更有

权力的年长者。在这段经历中，她们各自掌握了一些能力，让自己更接近了自己想要成为的人。

在补充新的成员之后，新的团体成立了。在女孩团体里，下一个王者会是谁呢？

一位新的"女王"候选人来了，我们叫她阿凝。她是这个团体里最有机会成为团体领导者的人（或者说最有企图心去领导团体方向的人），许多有趣的互动都围绕着她发生。

每次在讨论团体的方向时，阿凝总是会很积极地表达自己的意见，并且也试着去影响其他成员，在影响失败之后，她也会试着运用一些方法，将团体的方向往自己想要的方向推动。比如说，在团体有许多意见、情况陷入胶着时，阿凝会一一确认众人的意见，如果众人的意见分歧非常大，她会提出用"投票"的方式来决定最后的事件走向。

阿凝目前所掌握的方法还太少，而且她想要支配的人也都不是简单的角色，其中就有已经不是吴下阿蒙的阿云。也许因为都是女孩，阿凝总是会很积极地去和阿云交流。我观察了她们的两三次交流之后，觉得看到了很有趣的事。

阿凝跟阿云在一起挖土。

阿凝："我们去玩别的好不好。"

阿云沉默着挖土。

阿凝："去玩别的，那边那个看起来很好玩啊！"

阿云仍沉默着挖土。

阿凝："咦？你听到我说话了吗？"

阿云："啊？你刚说什么？"

阿凝："……我们来玩挖土吧。"

阿云："好。"

我逮到一个没有旁人的空档，去找阿云核实了自己的想法："你是不是故意不理阿凝的？"

有点憨直的阿云一开始听不懂我在说什么。我详细地解释："阿凝有时候是不是想让你听她的话？那时，你是不是会故意假装没听到她在说什么？"

阿云露出一个（对她来说已经非常）狡黠的笑容："对啊。"

在看似平静的玩土中，也发生着尝试支配与抗拒支配的冲突。

妈妈会"偷懒"，孩子更优秀

阿云看起来并没有"问鼎宝座"的意思，她目前似乎完全没有想要支配她人的欲望，所以她并不是阿凝"女王宝座"的竞争者；但从另一个意义上，她也是阿凝"女王"之路的挑战，因为现在的阿云绝不是一个会绝对服从的"子民"。

孩子们的生活和世界，一件件小事说起来可以很复杂，也可以很有趣。

节制的权力者

我认识阿安的时候，他还很小，完全没有被"社会化"的样子，保持那种新鲜海产般的生猛活力，一直到三四年级。

我还记得有一次，一个刚来没多久、搞不清楚谁是狠角色的孩子，生气了就毫不讲理地往阿安身上挥了一拳，可没两下反而被阿安打趴在地上。阿安的力量使他在群体之中成了让人敬而远之的角色，同时也让他不被一些大人所接纳。

阿宜是一个善良又有点呆萌的孩子，让人见了就喜欢，她掌握了各种"社交技巧"。在事情不如她的意时，同时在两方展开游说，无论是人际关系，还是团体目标，总能在她的影响下被巧妙地改变。于是在团体中，没有人敢得罪她，

妈妈会"偷懒"，孩子更优秀

但也没有人坦率地说喜欢她，人人都对她抱着复杂的情感。

还有一位孩子叫阿廷，我认识他时，他大约四五年级。那时，他还是个十分不服输的孩子，斗嘴的时候总是要抢着当最后回嘴的那个，玩游戏的时候即使作弊也要赢，打起架来更是非要还手不可。有几次我们出门旅行，成员里有他看不顺眼的人，他就会挑着各种机会激怒、惹恼对方，在对方反击的时候，动用自己的一切力量——拳头、人际关系等毫不留情地击溃对方。

在我的职业生涯中，时常会遇见一些像阿廷、阿安和阿宜这样的孩子，他们有些力气大，有些人际关系好，有些擅长言辞，有些则三者兼具。我将这些孩子理解为"拥有力量的孩子"。他们在还小的时候就能察觉到自己所拥有的力量（尽管在大人看来很微弱），于是在各种争斗之中，会或故意或无意地无情碾压过对手。

在这些力量悬殊的冲突之中，除了照顾被踩踏的人之外，我每次都会试图让这些拥有力量的孩子理解，他们掌握的力量，对于更小的孩子来说是多么具有压倒性，而他们又是怎么样使用了这些力量，才让局面变得如此的。"你们拥有这么大的力量，你们可以这样用，也可以那样用。你们使用力量的方法，决定了你们是怎样的人。"

有一次在长途火车上，同行的孩子们忍不住一直在玩火车上的各种配备设施。我经常得在孩子们玩得太过时离开座位，去要求难以克制的孩子们收敛一些、小声一些。

坐在我旁边比较大的孩子阿安看我总坐不久，笑着说："你好忙啊！"

我问他："如果你是大人，你会让孩子这样玩吗？"

他说："当然要啊，孩子很无聊啊，来这里就是要开心啊。"

我说："你知道，如果不提醒他们，让他们尽情地玩，可能会有什么样的后果吗？"

他："不知道。"

我："我可能就再也举办不了这样的活动了。"

他惊讶地问："为什么？"

我："你知道现在几乎每个人都有可以录像的手机吧？

妈妈会"偷懒"，孩子更优秀

如果有人觉得我们太吵或太过分，把孩子吵闹或者玩行李采的样子录下来上传到网络，很可能就会被很多人看见。你觉得看到的人会怎么想？爸妈们还会送孩子来参加我举办的活动吗？"

他："嗯，真的会这样。"

我："所以，如果你是大人，你愿意冒险，承担这个风险吗？"

他迟疑了一下："我还是会让他们玩。"

我："是吗？"

他又想了想："不过还是要管一下比较好。"

我："是吗？"

他问我："那你呢？"

我："我也不知道。你知道芬兰的火车有滑梯吗？"

他："对！对！我知道，去年带我们夏令营的老师说过。"

我："人家都可以滑滑梯，我们却连让孩子稍微活动一下的场所都没有。要让孩子坐好都不要动，孩子们实在很可怜，可是完全不管他们让他们开心玩，我又觉得太冒险了。"

他："好难决定啊。"

我："是啊。"

另一次，我跟阿安在讨论一个总是让他恼怒的孩子，阿安说即使和我们相处了这么多年，他还是不能理解为什么我们不处罚那个孩子。

我："他其实不是一个坏人，他实在是没办法，而且他这几天都在努力啊，也真的有一点改变。"

他问我："可我还是觉得他是故意的。"

我："那是因为你这几天累积了很多怨气吧，所以才会这样觉得。你也知道，这种事情要用好几年才能改变。"

他："嗯，也是，就跟我一样，我也花了好几年。"

我："你知道他在别的地方，也是被其他人排挤、讨厌的那个吗？"

他："我不知道，那这样他不就会有很多不开心累积起来？"

我："所以啊，他很辛苦。他过去那么多年受的种种委屈或辛苦，要花一样多的时间才能努力补回来。"

 妈妈会"偷懒"，孩子更优秀

他："不止，可能还要更久才行。"

我："是啊。"

他："那问题就变成，要怎么建立一个可以接受他的环境，让他能慢慢地补回来。"

我："没错！没错！"

他："一般的地方根本就不可能啊，像他这样的，一定会被讨厌的。啊，这好难。"

我："对啊！对啊！"

他看着窗外，又说了一次："这真的好难啊。"

也许是长大了，也许是终究理解了什么，几年过去，阿廷、阿安和阿宜都渐渐变得不同。阿廷在面对弱小的孩子时多了一分理解和同情，他会走到几个瞎胡闹的孩子身后，温柔地喊："你们不要闹了。"至于阿宜，她在一年之内变成了一位相对宽容的"女王"，（偶尔）允许她的"子民们"自由拒绝她的邀请。

在拥有力量的孩子之中，有些孩子会像阿廷、阿安和阿宜，最终成为在团体里掌握权力而能节制使用权力的人，我将这些孩子称为"（渐渐）懂得如何使用力量的孩子"。

　　那一年夏天，在黄昏的嘉义公园，我跟阿安并肩坐在游乐区旁，看着孩子们蛮牛般冲来撞去。

　　安："我长大了也想加入你们。"

　　我："为什么？"

　　安："我想跟你们学东西。"

　　我："学什么？"

　　安："学你们教的啊。"

　　我："除了这个呢？"

　　安："我也想让比我小的孩子，学会我已经学会的东西。"

妈妈会"偷懒"，孩子更优秀

日记："国王"阿果

五岁四个月

　　昨天中午办完事去公园玩，滑梯那已经有三个兄弟在玩耍了，像是妈妈的女人坐在旁边，拿着一截树枝，滑着手机。她时常抬头指挥孩子的动作，有时恶狠狠地拿着树枝站起来，一副作势要教训孩子的样子。三兄弟十分顽皮，除非妈妈已经作势要打人了，否则他们会一直没完没了地打闹、在滑梯上尝试各种危险的动作，特别是妈妈已经明确禁止他们做的那些动作。越禁止，他们就越是要做。大的哥哥已经很"讲理"了，他会说："我就是要做，又不是你在玩，是我在玩。"

　　从很小的时候开始，阿果到每一个不熟悉地方都不会立刻就开始玩耍，而会待在我们身边，先慢慢地观察。有哪些人，那些人在干什么，直到他觉得够清楚了，才会加入进去玩耍。有时他觉得够安全，就自己跑去玩；有时觉得不够安全，就会要求我们陪他。

昨天他一边观察一边吃面包，面包吃完，觉得可以加入进去了。他就在两道滑梯里选择了三兄弟不怎么玩的那道滑梯，在玩的过程中也避免离三兄弟太近。相较之下，另外一对小姐妹就没有这样的意识，于是各种肢体上的冲撞就在所难免。

我们的社会存在着各种应对进退的礼貌方式，但同时也存在着各种个人主义式的权利概念。那时，带两位小女孩来玩的奶奶压抑着自己身为老长辈的怒气，不断缓声制止着三兄弟与两姐妹间推搡、打闹的行为，也试图用不难堪的方式来引导两姐妹离三兄弟远一些。

那位妈妈呢？妈妈用尽了各种方式，叫骂、挥舞树枝、威胁、温言引导……但妈妈大概也很累。她带着三个孩子，虽然她坐在公园里，却仍然不能好好喘一口气。

妈妈会"偷懒"，孩子更优秀

三兄弟跟两姐妹，五个孩子并不领大人的情。也许孩子们只是在玩，并不十分介意一定程度上的肢体冲突，也许是因为一直被大人用各种方式禁止行动，反而心生反抗的欲望，总之，孩子们玩得很激动，让一旁的大人个个都很忧心。

阿果偶尔停下来观察，再判断自己要做什么。当三兄弟跟两姐妹换到他玩的这个滑梯时，阿果走到另一个滑梯上坐下，准备溜下去。最小的那个弟弟挡在下面，指着阿果大叫。阿果坐在那里看着他，不能理解他在做什么，阿果又看看我，耸了耸肩，但没有唤我过去帮忙。小弟弟开始更大声地叫他的哥哥来帮忙，年纪最大的哥哥偷眼看着站在一旁的我，我虽然没有回看他，但他终究没有过去加入他小弟弟的玩闹。

阿果趁着小弟弟离开滑梯去找哥哥们的时候，赶紧滑了下来。小弟弟看见了，非常气愤。

阿果走向我们，说他要回家了。

我问他："你是觉得很危险吗？"

阿果说："对。"

但事情还更复杂。

我向他说明我看见的事情，用他目前可能可以理解的方式。

这世界并不是由好跟坏、对和错组成，而是由委屈、辛苦、犹豫、痛苦、难堪、气愤、担心，种种复杂的心理组成的。

希望他能成为多少理解这些孩子的人。

五岁五个月

前几天我跟阿果说，我觉得他已经渐渐具有一种力量，可以让朋友们听他的话去做一些事。我问他知道这件事吗，他说他知道。

我说这种力量可以让人开心，也可以让人难过。阿果问我为什么。我举例说，如果他邀请朋友不要跟某人玩，那么被孤立的孩子就会不开心；相反地，如果在朋友们不跟某个人玩的情况下，他邀请被孤立的孩子跟自己一起玩，那么那个孩子就会很开心。

今天听说阿果去朋友家玩，跟好朋友们一起排挤别人。

妈妈会"偷懒"，孩子更优秀

我又重提了这件事，我问他要选择让人开心，还是让人难过。他说他只是想让自己的朋友开心。我跟阿虎都觉得这是很自然的选择，但我跟阿虎有时会选择另一个选项，我们开始讨论一个人究竟如何才会想到另一个选项。我注意到阿果在旁边听，就跟他解释我们在讲什么。

我问他："你觉得爸爸妈妈会怎么选？"

他说："爸爸妈妈应该会选择让那个人开心。"

后来我们讨论到"可能因为阿果还不能理解被排挤的心情，于是不会想到做出另一个选择"，于是我试着提醒他他自己也曾有这样的体验。在周一的课后团体活动里，他曾好几次被那个团体的"女王"排挤，他那时又难过又不知道原因。

想起了这件事，他突然间有了感悟，他说："这就好像传染病，我不开心，就想让别人不开心。"

我说："对，有点像。"

他继续想："那么，那个让我不开心的人，是谁让他不开心的？"

我说："我也不知道。"

他说："应该是有人让一个人不开心，那个人又让不和我玩的人不开心，不和我玩的人又让我不开心，我又让别人不开心。"

我说："可能是这样。那么，你想让传染病从你这里停止吗？"

他说："嗯，我想。"

我说："这也是爸爸妈妈会选另一个选项的原因。"

其实他受过的伤很小，所以我相信当他的各种能力更强时，他就不会再轻易加入朋友们排挤人的活动了。但能够在这个时候听见他这么说，我还是觉得很高兴，他是这般感受力完好地生活着。

妈妈会"偷懒"，孩子更优秀

PART 7

"神对手"与"猪队友"
——孩子、妈妈和爸爸

妈妈头上的紧箍咒

从怀孕、女人多了"母亲"这个认同开始，准妈妈们就进入了（另）一个被观察与评价的系统里。从怀孕的时候体重可以增加多少、哺乳的时候不能吃什么，一直到"孩子小学前要学会的十件事"，都在告诉这些身为妈妈的女人们，要怎么样才能当一个"足够好"的妈妈。

妈妈的各种困难

"自己是不是一个足够好的妈妈"，大概是妈妈们都有的焦虑。因为工作的关系，我时常听到各种妈妈的各种焦虑。（至于为什么没有听到爸爸的焦虑？那就是另外一个更复杂的问题了。）

我能不能强迫孩子刷牙？强迫孩子会不会造成不好的持久影响？

我能不能叫孩子自己穿衣服？帮孩子穿，孩子会不会变成妈宝？

我能不能帮孩子跟老师沟通？这样会不会被当成怪兽家长？

上面这些问题，每一个都可以在网络上找到很多"教养文章"，很了不起似的想要告诉妈妈"照我这样做就对了"。而假如有一个妈妈在社交平台上公开发布了这种烦恼，不管她想不想要别人的建议，都会有许多"成功经验"跟在下面，让她知道如何去当一个能够解决这些问题的好妈妈。

当妈妈就好像戴着个紧箍咒，内外煎熬。每每看见妈妈们因为孩子某些小小的反应而患得患失、自我检讨时，我都想帮忙大喊："当妈妈好难啊！"

妈妈会"偷懒"，孩子更优秀

大喊完，我们还是首先要聊一下这个"紧箍咒"。前两天我给孩子讲"孙悟空三打白骨精"的床前故事。

孙悟空因为有火眼金睛，一眼就能分辨出伪装成人的妖精，他要是打，师父会因为觉得他滥杀无辜而念紧箍咒，可不打，师父又会被抓走吃掉。是打还是不打？

唐僧主张"不能滥杀无辜"。这可能是一个孙悟空也不反对的事，但唐僧没有火眼金睛，看不见悟空能看见的，不能真正理解悟空的担忧，却又总想指出"正确"的做法，甚至还总惩罚不按照他意思做的孙悟空。一而再再而三，孙悟空几乎就要失去自己的判断了，心里生出了一个"小唐僧"，开始自我审查自己的行为：打还是不打？

通过紧箍咒控制孙悟空的，是糊涂唐僧，而控制妈妈的紧箍咒之一，就是那些如同玄奘一般，总是爱指出"正确做法"，但却看不见（或不去看）"个人处境""个人选择"的各类教育文章、满大街拿着这些东西对着妈妈们指指点点的人。

刷不刷牙、穿不穿衣、上小学前要做哪些事情，在每一个亲子面对的困境中，都是截然不同的。就算妈妈跟孩子经历千山万水琢磨出了一个做法，还是有的爸爸支持，有的婆婆反对，有的隔壁爷爷"碎念"。这些问题，绝不是按照某本书上的某个标准程序操作，就能"正确"的事。

当一个独立的妈妈，相信自己的判断

在"教人家当妈妈"这件事情流行起来之前，妈妈们本来可以在教养现场评估自己的处境，从而按照自己的判断来行动。但在教养书在书店里可以挤满一个专柜的现在，那些自我彰显（就是一副"照我说的做就没错"）、有意无意强调"正确性"的教育方法，在看不见妈妈不同的实际情况下，贬低了妈妈自身的判断，并且将妈妈的行为逼进"非对即错"的二元框架之中，让妈妈陷入"做到了而自满"或"做不到而自责"的死胡同里。

少数的妈妈们自认为自己的教养方法无懈可击，在网络

上分享却又被指出误区，就用"尊重大家的说法，但你的方法未必适合我的孩子"的说辞来回避他人的质疑，在"非对即错"的教养死胡同里，陷入自满的模型。大多数的妈妈们，则是在这种"非对即错"的框架下开始内建了"小唐僧"，自我怀疑且小心翼翼，走入了"自己是不是做错了"的自责模型里。

　　每次遇见这样忐忑自责的妈妈，我总是想象自己站在"非对即错"这个死胡同的巷口，试着向胡同里的她说明，其实她可以相信自己的判断，并且做出自己的选择。每次她们问我："我这样那样，孩子长大后会不会……"的时候，我总是回答："这种程度，没什么大问题的。"

　　"这种程度，没什么大问题的。"这多少有一点场面话的性质，毕竟我并不能真的看见你所看见的事。但我的妈妈朋友们，我衷心地希望，我这样说的话，能让戴在你们头上的紧箍咒稍微松一点。有机会的话，我也会帮你们骂一下那些明明看不见你们不同的处境，却又爱对你们指手画脚的唐僧们。

为什么爸爸总是被嫌弃成"猪队友"

如果你在 Google 搜索栏打上"猪队友"加上一个空格键，你会发现用来形容老公的顺位还挺靠前的。

在几个不同的教育现场，我都被问到"跟老公在教育上有不同的想法怎么办"的问题，为了解决这个问题，我甚至尝试开了一期"给伴侣的教育工作坊"座谈会，想要试着跟这些老公们对话，看看能不能了解他们到底都在想些什么。

但那一场座谈会的参加者几乎没有自愿来的，大多数是"被告知要去参加"，甚至还有被开玩笑威胁："在离婚协议上签名跟参加座谈会，自己选一个。"结果呢，面对这些"被压迫者"一整天，场面虽然不至于太难看，但实际没有什么

  妈妈会"偷懒"，孩子更优秀

收获。

在那之后，我又想了好一阵子，并且也试着倾听与协助厘清一些"伴侣之间教育观念不合"的例子，然后有一天，我突然间觉得，也许这根本就不是教育问题。

妈妈的怒吼：那个猪队友

我曾在几个不同的城市办了一系列的工作坊，在工作坊里，我们从尊重孩子的例子出发，讨论我们该如何应对人的情绪与需求。

我请妈妈们试着描述，当"亲职照顾分工"不符合她理想的情况时，她们会怎么应对。这种时候，现场的情况通常就像是捅了马蜂窝（这绝对不仅仅是个比喻），妈妈们的同仇敌忾令人印象深刻。

比如，好不容易把孩子哄得稳稳当当、开开心心，到了晚上老公下班回来，本来期待他帮忙做点家务事自己好休息一下，没想到老公接手过去没两下，孩子和妈妈两个人都要崩溃了，妈妈又得要重新哄孩子；比如，说"本来老娘带孩子、安排孩子的教育就已经非常忙碌了，还要做家务事，老公也不帮忙，就知道批评孩子。"

"那你们遇到这种情况都怎么办？"我问。

"当然是忙完孩子之后跟他算账啊！"妈妈们同仇敌忾。

我心想，你们"杀气"这么厉害，也就不奇怪许多老公会抱怨"你们对孩子那么温柔，对老公根本就不温柔啊！"

对孩子的时候，要先承接情绪再处理事情；但对老公的时候，就"怼死"他。

对孩子的时候，要倾听、理解他的想法；但对老公的时候，就"怼死"他。

对孩子的时候，要不打、不骂、不威胁、不利诱、不评价；但对老公的时候，就"怼死"他。

妈妈会"偷懒"，孩子更优秀

"怼死"猪队友，然后呢？

假如近期内没有换伴侣的打算，寻求一种可能的沟通方式大概还是不错的方向。

人有时是"先反对一件事情，再为那件事情找理由"，而人之所以反对一件事情，有时只是因为心情好不好。

假如伴侣关系中的一方一直觉得自己没有被好好对待，自己的需求和情绪都无人承接，然后回到家又看到孩子一直被自己心爱的伴侣视若珍宝，一点点微小的心情皱褶都被仔细地烫平，他那觉得人世间充满了不公平的心情，我觉得很容易想象到。

男方带着这种心情，看什么都不顺眼，但挑剔家务事在现代社会基本不存在了，挑剔对方穿着什么的更是"找死"，剩下的话题里，看起来跟自己有点关系还说得上话、可以耍两下嘴皮子的，也就只有孩子的教育了。

我觉得要判断是不是借题发挥，有一个方式可以试试看：

伴侣："我觉得孩子一哭就去哄他，孩子会没有抗压力。"

我："我也觉得抗压力很重要"（先肯定对方意见中自己也同意的地方，找出共同的基础）。

伴侣："所以不要他一哭就去哄他啊。"

我："我其实也在想这样好不好（坦承自己不确定的部分），可不是说，孩子的情绪和需求如果没有被好好承接的话，会变成压力，并且会损害大人和孩子之间的信任关系，以后孩子有重大困难的时候可能就想不到要来寻求我们的帮助。我不想那样，你应该也不想那样吧（试着提出自己的核心考虑点，确认对方的支持）？"

在这个情况下，假如对方可以明确地表态自己反对"希望孩子有重大的困难时来找我们商量"，那就确实有可能是意见不合，反之那就是沟通成功，可以继续往下讨论"有没有一种方法，可以兼顾抗压性和亲子关系"。

然而，假如你一直试图放软态度、厘清话题，对方也许会逃避问题，把话题四处引并且语气很差，比如会这样：

妈妈会"偷懒"，孩子更优秀

伴侣："那你说怎么办？我们以前就是这样长大的，我们也都好好的啊！"（不明确表态）

我："我知道我们也是这样长大的，但我在想，我们也许可以有其他方法。"

伴侣："反正你们就是这样，太理想化。"（贴标签结束话题）

如果是这种情况，那对方很有可能就是来"找碴"的。

一个对自己的情绪状态有所觉察的人，多少都能察觉到自己曾经处于这种状态之中，看什么都不顺眼，而且都能说出几个临时拼凑上的理由。在孩子身上，这种情况尤其常见，因为孩子隐藏情绪和找理由的能力都比较弱，很容易分辨出来。

那么，这种情况发生在伴侣身上其实也是理所当然的事，奇妙的反而是，为什么我们之前都没把它当作一回事呢？

治标又治本的方法

问起妈妈们上次撒娇是什么时候，大概都是"上辈子"的事了（这已经是一个"梗"了，很多妈妈都说，生孩子之前的人生和现在"恍如隔世"）。有趣的是，有许多妈妈还挺经常跟孩子撒娇的。

于是在几个工作坊里，我留给（近期内没有打算换伴侣的）妈妈们的作业是回家跟老公撒娇。这当然不是说老公没有撒娇的权利，但如同在面对亲子关系时，改变的起点必然是有所觉察的那一方，在面对伴侣关系时，当然也是如此。

除此之外，我也想提出一个想法，你明白了这个想法，也许就更愿意尝试改变了。

第一种是，你把一天中百分之百的力气全部拿去哄孩子，孩子得到了百分之百的能量。到了晚上，伴侣下班后逗孩子，一旦把孩子弄哭，就会让孩子一下子损失百分之五十的能量，结果就是你得"加班"了。当你好不容易哄好了孩子，肯定会去找伴侣理论，接下来你们很可能会立刻大吵一架，随后

妈妈会"偷懒"，孩子更优秀

各自"怀恨在心"。一个恶性循环的节奏。

第二种是,你把一天中百分之七十的力气拿去哄孩子,孩子得到百分之七十的能量。到了晚上,你拿出剩下百分之三十的能量照顾伴侣、和伴侣交流沟通,伴侣会可能一瞬间觉得"今天是发生什么事了?"受宠若惊、心花怒放,看什么都顺眼,高兴地跟孩子玩耍、照顾孩子,孩子开心睡觉了,你说不定还会有更多自己的时间。一个"买一送一"的节奏。

"恋爱"解决一切难题

另一个我会经常问到的问题是:谈恋爱的时候,你跟男朋友意见不合,你会一直跟男朋友讲道理吗?还是会撒娇?答案是大多数人在"上辈子"都还是挺不讲道理的,都比较擅长撒娇。

于是,再仔细看看眼前的这个人,假如还是你那么爱的人,也许你能够理解,向他撒娇其实是一种更好的沟通手段,就像只是继续谈恋爱而已。共同养育孩子的伴侣，谈教育也要"谈恋爱"啊。

之后，我开始思考对母亲来说，她与孩子的关系到底是怎样的。发现妈妈与孩子可能不是个人与个人的关系，而是一种"我"与"延伸的或是另一部分的我"所组成的"我们"的关系，是一种分裂的"我"彼此间的关系。

工作中，我向妈妈们核实她们是否有这种经验：发现至少有一半的妈妈们都很明确有这样的感受，认为自己完全没有这种感受的人，大概只有十分之一。而假使妈妈跟孩子之间的关系是"我"与"延伸的我"，那么妈妈对孩子的爱，几乎很容易超过对伴侣的爱。

以我自身的例子来说，在孩子出生，日子逐渐进入"日常"之后，我突然间发现，我的伴侣不一样了，她的眼神不如往常那样总是看我，她的手也不如往常那样总是触摸我。

"她不那么爱我了。"是这样吗？我不那么确定。她对我的爱是不是减损了？

其实可能不是这样。想象一下，在原先的一对一异性恋

关系里，女人爱男人的程度若是十分，那么在生产之后，女人爱男人的程度未必有所减损，只是女人爱上了另一个（延伸的）自己，而那段关系也许有十五分（以上）。

也就是说，男人跟女人的关系未必减损了，但要是将这段异性恋关系与母子关系比较，"差了一大截"的状态可能是显而易见的。

我曾经想过"伴侣跟孩子只能救一个的话，要救谁"这种蠢问题，发现没办法决定。我虽然倾向于"孩子可以再生"，但又觉得失去这个孩子的创伤，会让我和我的伴侣无法继续在一起生活。就像那些曾经见过的剧本一样。对我来说，伴侣若是十分，孩子大概是八到十分吧。

于是一开始，当我从他们母子的互动中察觉到（未必是意识上的），我的伴侣跟孩子之间的关系远远地超过和我的关系时，我非常不理解，当然也不能接受。可是妈妈爱孩子、触碰孩子、为孩子做事，都是那么理所应当，我甚至根本不知道我该抱怨什么。

再于是，我开始要求伴侣、无意识地跟孩子竞赛，要求

伴侣对我做得更多更好。我做了各种我觉得不错的事去讨好她，也做了各种我觉得不妙但控制不了自己的事去伤害她。直到最近，我终于在这些分析里发现并且承认，他们之间的关系终究是不可超越的。

我的伴侣终究不再只是我的伴侣，她更是孩子的妈妈。

回过神来，我才发现我已经身在谷底，仰头看着他们之间高不可攀的关系，想着我是什么时候掉下来的？接下来我又该怎么办？

做一个热气球，一起缓缓降落

自从接受"我跟伴侣的关系，终究比不上她跟孩子的关系"这个无可逆转的事实之后，至今我仍在感受这个绝望。我向伴侣诉说我的分析以及我的感觉，确认她的经验与感受，并且试着寻求她的体谅：关于那些我在坠落的过程中，因为莫名的慌张与恐惧，而难以控制地伤害了她的行为和胡言乱语。

当我们都知道我们发生了什么事之后，我们开始不再那么依靠直觉来行动。我们更积极地安排约会，更重视彼此的触碰与互动。我不再跟孩子比赛谁得到的比较多，而更专注于我跟伴侣的关系，我的伴侣也有意识地调整她的时间与关注度，让我能够尽量得到"十分"的感受。

　　我（只能）向她要一个热气球，邀请她跟我一起缓缓降落。

　　事实那么残酷，但我们依然相爱。

后记

放下吧，去吃个蛋糕

　　在这本书的编辑初期，我们有两份材料，一份是我这两年（2016 年）开始在网络平台（现在叫方格子 VOCUS）专栏上的文章，另一份则是从阿果两岁左右，持续记录的"阿果日记"。专栏文章是啰唆的教育思考，在网站编辑陈大中的专业协助下，我很满意这些文章的质量；至于"阿果日记"，则大多是松散的散文。这两份材料要放在一起出版，应该是件很为难的事。多亏了编辑的投入。

　　在考虑整本书的内容和书名时，我们前后推翻了好几次，不是嫌弃太普通，就是担心太拗口，难以被读者"一眼看懂"。左右为难之下，我们半开玩笑地决定要请脸书（Face book）的网友们帮忙取名字。在几百则留言中，最后我们看上的是"懒教养"这个概念，后来微调成现在这样，就这么决定了书名以及书的主要内容。

会"偷懒"不是不教。

在当代的育儿课里，某些专家们在夸谈"怎么教"，或传达"你教错了，照我的来"的概念，甚至散布"这样教得不够，像我这样教才够"的教育焦虑。教育对家长来说，变成了一种不能输的军备竞赛，一场时时被他人注视着的、不能犯错的测验。

难道只有通过测验的人，才是好的父母？

这本书想反对这样的价值，也反对那些便宜行事、过度简化的教育思想。即使几经思考与反省才决定书名，并且在文章的选择与编排上也力图传达清楚我们的思路，但在这个育儿书多如繁星的时代，为了保险起见，我仍然觉得有必要在这本书最后的这些文字里，向读者们重申一次我对这本书的期待。

对我来说，这本书一方面想告诉大家，身而为人，我们在教育现场就是有放不下又没来由的坚持，比如自私、愚昧和幼稚……在各种人的脆弱与无能袭来之际，照顾者除了先照顾自己之外，没有更好的选择。在承认自己做不到、承认自己亏待孩子的时候，也许我们不可能不怀有亏欠感，但这份亏欠感是好的，它可以让我们有动力去思考，去想一个对孩子、对自己都更好的可能性。

　　幸运的是，孩子爱的不是完美无缺的父母、照顾者，而是"他的父母""他的照顾者"。即使你不完美，孩子仍然无条件地爱你，就像你也愿意无条件爱他一样。

　　另一方面，这本书还想传达这样的思想：在教育现场里，假如我们能够逃离"军备竞赛"思维和旁人的眼光，得到一丝静思的清明，我们也许会发现，我们其实是那么愿意跟孩子亲密起来，并不愿意因为那些日后想来并不重要的坚持，跟孩子日渐疏离。

　　也就是说，我觉得在这个教育专家百花齐放的年代，我们并不是像某些说法说的那样，是"教错了"或"教得不够多"，反而是被他们吓得不得不教、三天两头变着方法用力教，因此教得太多、太用力了，不知不觉就过度干预了孩子的自由与发展，而与孩子对立了起来，损伤了亲子关系的同时，也妨碍了孩子的自主发展。

假如本书的读者接收到了上面这些信息，而且愿意承认我们确实过度焦虑了，并且想绕过这些焦虑，试着跟孩子更亲密，那么我在本书里提供的思路应该有所帮助。

在我的身边，"懒得教"的家长越来越多。我们试着在工作中探索这本书里的这些议题，检验我们跟孩子之间的权力差距，思考零用钱对孩子用钱观念的影响，练习沟通的技巧，并且进一步思考我们与伴侣的关系。

跟那些总是标榜自己"教得多对"的文章不同，我们在这些文章里提醒彼此不要太焦急地去教，以免破坏亲子关系。我们也在偶然间教育焦虑发作的时候，发一篇文章到脸书（Facebook），或者发个消息给教育同伴，接受同伴们的慰问或质疑，让自己不被焦虑拖着拖着，就做了其实并没有那么想做的事，造成了自己不想要的后果。

我们会在对方教育焦虑发作的时候，建议对方："放下吧，去吃个蛋糕。"

吃完蛋糕之后，心情好了，有精神、有力量了，我们再去找孩子好好地沟通，说说心底的话。

距离这本书的编辑第一次跟我说"出本书吧！"应该一年半多了。老实说，这一年半我虽然也不是没有出书的心，但实际也提不起劲来多做点什么，就只是继续在教育现场打滚、陪阿果长大、努力维持跟伴侣的"恋爱"关系，并且保持稳定写作的习惯。

阿果又长大了一岁半，现在已经八岁多了。这个极端的教育实验，在许多方面已经到了足以"验收成果"的地步了，比如书里提到的"家庭所得共有制度""阿果跟电子产品的关系""自主学习的能力与成果""沟通的能力"等等，都有一些暂时性的结论。关于这些"实验结果"，虽然没办法在这里清楚地说明，但试着用一句话来概括的话，那就是：像你我这样的一般人，既不特别了不起，也不值得特别担心。

我想通过这本书传达给父母、照顾者们的，并不是我们

多会教，而是：比起这么夸张都没怎么教的我们来说，你们也许不用这么焦虑。

像我们这样，努力对抗教育焦虑，把教东教西的力气省下来，用在爱孩子上，最后长出来的孩子，就是一个值得我们无条件去爱的人，而他也是那么无条件地爱我们。唯有被好好爱过的孩子，才有能力好好爱别人，也许你也可以试试。

"放下吧，去吃个蛋糕。"

在最后的最后，我要感谢让这个"实验"能够发生的人，广义来说，这些人都是"实验人员"。

我跟我的伴侣是独立教育工作者，这是一个收入非常不稳定，而且也非常难以向家人说明的职业。阿果能够在"双亲都在"的环境里长大，而不是在"爸爸是工程师，很少见"的家庭长大，要多亏了我们双方家庭的包容与支持，因为他们是那样无条件地爱我们，我们才能这样无条件地爱阿果。

也是因为工作的关系，我们的生活里有许多对孩子温柔

妈妈会"偷懒"，孩子更优秀

包容的大人，他们每一个都愿意好好听阿果说话，愿意陪阿果玩，虽然很可能是因为他们还没有自己生的孩子，但即便如此，阿果还是遇到了一个很难得的好环境。

还要感谢在这些年里，给予我们物质与精神上支持的每一个家长与孩子。你们有时比我更担心我的收入以及我的健康，用各种不让我们觉得亏欠的方法照顾我们，让我们家能够继续进行这个奢侈的教育"实验"。

最后还要感谢每一个在跟我合作的过程中，教会我许多事情的孩子。不管是在受苦的那些时刻，还是幸福的那些时刻，我都希望你们知道，我像你爱我那样爱你，有时还更多一点。

图书在版编目（CIP）数据

妈妈会"偷懒"，孩子更优秀 / 卢骏逸著. -- 北京：
中国友谊出版公司，2020.3

ISBN 978-7-5057-4871-2

Ⅰ.①妈… Ⅱ.①卢… Ⅲ.①亲子关系 - 家庭教育
Ⅳ.①G781

中国版本图书馆CIP数据核字（2020）第027305号

书名	**妈妈会"偷懒"，孩子更优秀**
作者	卢骏逸
出版	中国友谊出版公司
发行	中国友谊出版公司
经销	北京时代华语国际传媒股份有限公司　010-83670231
印刷	唐山富达印务有限公司
规格	880×1230 毫米　32 开
	6.5 印张　60 千字
版次	2020 年 3 月第 1 版
印次	2020 年 3 月第 1 次印刷
书号	ISBN 978-7-5057-4871-2
定价	42.00 元
地址	北京市朝阳区西坝河南里 17 号楼
邮编	100028
电话	（010）64678009